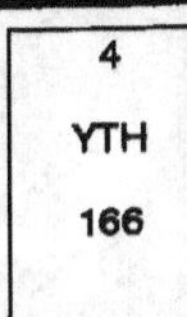

MAGASIN THÉATRAL.
CHOIX DE PIÈCES NOUVELLES.

Prix **20** centimes.

BARBRÉ, ÉDITEUR,
BOULEVARD SAINT-MARTIN, 12.

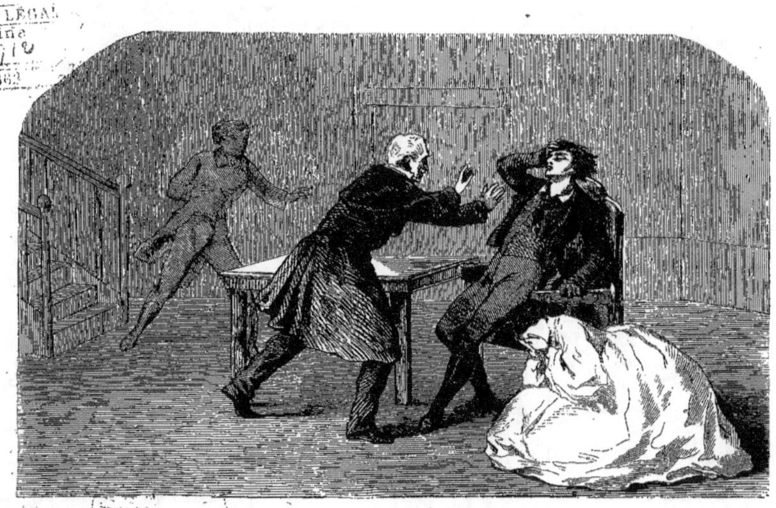

ANDRÉ RUBNER

DRAME EN CINQ ACTES ET SIX TABLEAUX, DONT UN PROLOGUE

DE

MM. TAILLADE ET PAUL TÊTEDOUX

REPRÉSENTÉ POUR LA PREMIÈRE FOIS A PARIS SUR LE THÉATRE DE LA PORTE-SAINT-MARTIN,
LE 14 JUILLET 1862.

DISTRIBUTION.

ANDRÉ RUBNER.... 1er rôle (jeune)......... MM. TAILLADE.
JACQUES MAUREL.. 1er rôle (père noble)..... DELAISTRE.
MAURICE LANDAIS. jeune premier.......... CHÉRI.
GILBERT............ 1er comique marqué..... ALEXIS-LOUIS.
PIERRE............. 2e comique (jeune)...... DURAND.

UN AUBERGISTE........................... MM. LANSOY.
UN POSTILLON............................. FERDINAND.
JEANNE RUBNER... mère noble............. Mmes SOYER.
LOUISE.............,..... jeune première.... ..... HEINRY.
ROSE............... soubrette............. DAVID.

La scène se passe aux environs de Marseille vers 1815.

PROLOGUE.

—

Premier tableau.

Le théâtre représente un intérieur pauvre et délabré. Porte au fond donnant sur la grande route, aux environs de Marseille. Au dehors, aspect montagneux. Dans l'intérieur, un escalier à droite conduisant à une soupente dans laquelle se trouvent un lit, une petite table et une chaise.

A gauche, une porte conduisant dans une autre pièce.

SCÈNE PREMIÈRE.

JEANNE RUBNER, seule.

Au lever du rideau, il fait presque nuit; Jeanne est assise, elle se lève et s'arrête après avoir fait quelques pas.

J'ai mal! C'est surtout là... Oh! c'est horrible ce que j'éprouve... je voudrais pourtant bien pouvoir encore cacher mes souffrances à André... Mais, je le sens, mon fils, je ne le pourrai plus bientôt... Bientôt mon visage ne pourra plus te mentir... (*Elle porte la main à sa poitrine, puis va ouvrir un petit buffet qu'elle trouve vide.*) Et il ne revient pas, je ne l'ai pas vu depuis deux jours... S'il était arrivé malheur à mon enfant!... Il y a bien deux jours qu'il m'a quittée. Pourquoi n'est-il pas encore rentré?... Il m'a fait peur quand il m'a dit, en m'embrassant : « Ma mère, je vais tenter un dernier effort... Si je ne trouve pas... » Oh! mon Dieu! si, n'ayant rien trouvé... La mort est si près du désespoir! (*Se levant avec un cri d'épouvante.*) André, mon enfant!... je suis folle... C'est la nuit qui me donne ces idées.. (*Elle se lève et va à la cheminée.*) Il doit pourtant y avoir encore de l'huile dans cette lampe... Oui, tant mieux... (*Elle allume la lampe avec calme.*) Non, André est courageux, il est fier, il aime sa mère; une telle pensée n'a pu lui venir à l'esprit... Il va revenir... C'est affreux!... ma tête brûle, et j'ai là d'horribles douleurs !... Il va revenir, bien sûr. (*Elle va à la porte qu'elle ouvre.*) Comme le ciel est noir! quel temps il va faire cette nuit !... Pourvu qu'il ne soit pas loin! (*Elle sort un moment pour regarder; revenant.*) On ne distingue rien sur cette route... (*Ici l'orage commence, mais faible.*) L'orage! (*Elle ferme la porte et vient s'agenouiller devant une image sainte.*) O mon Dieu! la tempête m'a déjà pris son père, ne me le prenez pas lui, mon fils !... que je l'embrasse une fois encore... mais ce soir, mon Dieu; demain je ne le pourrais peut être plus!

(*Eclair lointain.*)

SCÈNE II.

JEANNE RUBNER, ANDRÉ RUBNER (1).

Jeanne est restée en prière. André est entré sur ses dernières paroles, sans qu'elle s'en soit aperçue. Il est sombre, pâle, misérablement vêtu.

ANDRÉ. Ma mère !

(*Il s'assied dans un coin et laisse tomber sa tête dans ses mains.*)

JEANNE *en se relevant aperçoit André et s'élance vers lui.* Mon fils !... (*Elle l'embrasse à plusieurs reprises.*) Je savais bien que j'étais folle, c'est toi !... Il ne t'est rien arrivé, n'est-ce pas ?

ANDRÉ. Rien.

JEANNE. Dieu est si bon !... J'ai eu d'étranges terreurs, va... Croirais-tu que j'ai pensé un moment que j'allais ne plus te revoir ?...

ANDRÉ. Pauvre mère !

JEANNE. La maison est si triste et si vide quand tu n'es pas là... Mais regarde-moi donc, parle-moi... Après une si longue absence, j'ai besoin de t'entendre... Tu as été à Marseille, n'est-ce pas? tu as vu M. Bertin?

ANDRÉ, *sombre.* Oui !

JEANNE. Que t'a-t-il dit?... Il est ami de ton père. Avant d'être un riche manufacturier, c'était un brave marin comme lui... Il a dû te trouver quelque emploi dans ses fabriques.

ANDRÉ. Non.

JEANNE, *avec une déception douloureuse.* Ah!... Et ton parrain, M. Allaire?... Il avait bien une place dans ses bureaux, lui?

ANDRÉ. Non.

JEANNE, *d'une voix affaiblie.* Non plus!

ANDRÉ, *regardant sa mère pour la première fois.* Comme vous êtes pâle, ma mère!

JEANNE, *s'efforçant de sourire.* Ce n'est rien. L'inquiétude que j'ai eue, voilà tout... Ainsi, ni M. Bertin, ni M. Allaire?... j'espérais

(1) André, Jeanne.

pourtant beaucoup en eux... je les croyais de braves gens, attachés à notre famille.

ANDRÉ, *avec amertume.* Oh!... ils m'ont plaint... « Si seulement vous aviez appris à fendre du bois, au lieu d'écorcher quelques mots de grec et de latin, » m'a dit le manufacturier... « Si seulement vous aviez terminé vos études, m'a dit l'autre... ce que vous savez ne vous sert à rien... mais vous trouverez peut-être ailleurs; il faut chercher... »

JEANNE, *accablée, à part.* Mon Dieu!... (*Haut.*) Mais... tu as sans doute fait d'autres démarches... nous avons d'autres amis... il est impossible...

ANDRÉ, *brusquement.* « A quoi êtes-vous bon? Qu'êtes-vous : ouvrier, artiste? avez-vous une profession? » (*Avec abattement.*) Je ne suis rien. (*Avec désespoir.*) Mais j'ai des bras, du courage, et... et ma mère...

JEANNE. Espère, André, espérons.

ANDRÉ. « Cherchez, cherchez ailleurs, » m'ont-ils dit... Ah! pourquoi mon père ne m'a-t-il pas mis un rabot entre les mains, au lieu de commencer une œuvre qu'il ne devait pas achever?

JEANNE. André !

ANDRÉ. Oui, — M. Bertin avait raison. — A quoi me sert d'avoir gâché quelques années de ma vie sur les bancs d'un collége... pour qu'une instruction avortée ne développât en moi que des instincts d'orgueil et de fausse ambition ?

JEANNE. Que dis-tu, André?

ANDRÉ. Mon père était marin. — Pourquoi ne m'a-t-il pas emmené avec lui? — A mon âge, je serais déjà quelque chose.

JEANNE. Ah! c'est mal !

ANDRÉ. Eh ! sans doute ! — Je n'aurais besoin de la pitié de personne aujourd'hui.

JEANNE. La douleur te rend ingrat, mon enfant. — Ton pauvre père ! — C'est parce qu'il t'aimait trop qu'il avait de l'ambition pour toi. — Il voulait que tu fusses l'égal de tout le monde... et à ce rêve, qui était la joie de sa vie, il a sacrifié sa vie tout entière.

ANDRÉ, *attendri.* Mon père !

JEANNE. Est-ce sa faute, à lui?... La mort n'aime pas que l'on compte sans elle, elle est venue le prendre avant l'heure, et interrompre son ouvrage.

ANDRÉ. Mon père ! — Ah ! je bénis sa mémoire. Ce n'est pas lui que j'accuse; c'est la fatalité, la fatalité qui pèse sur son fils...

JEANNE, *de plus en plus faible.* Rien ne se fait que par l'ordre du Seigneur, André. Courage. Il est impossible que cela dure. On ne peut pas toujours être malheureux, vois-tu. La Providence ne le veut pas.

(*En ce moment l'orage redouble.*)

ANDRÉ. Tenez, écoutez. C'est une tempête comme celle-ci qui a enseveli mon père et nos espérances. — Entendez-vous cette voix qui gronde au-dessus de nos têtes?... Elle nous crie...

(*Bruit de voiture.*)

JEANNE, *se soutenant à peine.* Tais-toi, André! — Tais-toi. On est doublement coupable quand on blasphème dans le malheur! — Si nous souffrons maintenant, c'est que Dieu nous regarde, c'est qu'il veut que nous méritions sa bénédiction... Aie confiance, André, tu verras que bientôt... Est-ce que tu n'as pas entendu?

ANDRÉ. Oui.

JEANNE. C'est une voiture... elle s'arrête ici.

ANDRÉ. Oui.

JEANNE. Des voyageurs surpris par le mauvais temps, sans doute... (*On frappe à la porte.*) On frappe. Il faut ouvrir, André.

ANDRÉ. Pourquoi (1)?

JEANNE. L'orage est si violent... ils seront toujours mieux ici que dehors...

André ne répond rien et devient pensif; Jeanne va ouvrir.

SCÈNE III.

JEANNE, ANDRÉ, JACQUES, MAUREL., UN COCHER (2).

LE COCHER, *à Maurel.* Soyez tranquille, monsieur. Je trouverai bien un abri pour mes chevaux et pour moi.

JEANNE, *au cocher.* Derrière cette maison, il y a un hangar.

LE COCHER. Merci, madame. (*Il sort; on l'entend jurer après ses chevaux.*) Holà !... hé !... oh !... eh !...

JEANNE, *à Maurel.* Entrez, monsieur, soyez le bienvenu.

(*André s'est retiré dans un coin de la chambre; il ne prend aucune part à ce qui se dit.*)

MAUREL. Merci, madame. Je demeure à Marseille. Après un petit voyage, j'espérais y rentrer cette nuit; mais mes chevaux effrayés par l'ouragan refusent absolument d'aller plus loin. Si cela ne vous dérange pas, j'attendrai le jour sur cette chaise ?

JEANNE. Nous ne pouvons pas vous offrir une hospitalité bien large, monsieur; cependant nous avons un lit à vous donner.

MAUREL. J'accepte avec reconnaissance tout ce qui m'est offert de bon cœur. Et puisque vous le voulez bien, je profiterai dès maintenant de votre obligeance.

JEANNE, *présentant la lampe à Maurel en lui montrant la soupente où se trouve le lit.* Tenez, monsieur, c'est là... Dame, vous ne serez pas aussi bien que chez vous.

MAUREL. Oh! madame... pourvu que je puisse reposer étendu jusqu'à la pointe du jour, je suis déjà trop heureux...

JEANNE. J'aurais voulu vous mieux recevoir...

(*Elle lui donne la lampe.*)

MAUREL. Vous êtes trop bonne, madame... (*Montrant André qui n'a pas bougé.*) Mais... vous n'êtes pas seule, ici ?...

JEANNE. Mon fils, monsieur.

MAUREL, *se disposant à monter le petit escalier.* Encore une fois, merci.

(*Il monte. — Tonnerre.*)

JEANNE, *éprouvant une faiblesse en portant la main à sa poitrine.* André!...

ANDRÉ, *sortant de sa rêverie.* Ma mère!... Encore (3)!...

JEANNE. Ton bras, mon enfant... Je voudrais rentrer dans ma chambre... me reposer un peu...

ANDRÉ. Qu'avez-vous donc, ma mère?

(1) Jeanne André.
(2) Jeanne, Maurel, André.
(3) Jeanne, André, Maurel.

JEANNE. Viens, André, viens donc.
(André la soutient et la conduit ainsi jusqu'à la porte de droite.)

ANDRÉ. Dites-moi ce que vous éprouvez?

JEANNE, *d'une voix presque éteinte.* Ah! mon cher enfant!... que je souffre!... viens...

ANDRÉ. C'est la faim peut-être!
(Elle entre à droite, André la suit. Orage.)

SCÈNE IV.

MAUREL, dans la soupente; pendant la fin de la scène précédente, il a ouvert un portefeuille et examine des papiers.

Pourquoi diable ai-je eu l'idée de m'aventurer dans ce chemin de montagnes?... Voilà ce que c'est... on veut arriver un jour plus tôt; on est forcé de revenir sur ses pas, ou de s'arrêter en route comme je viens de le faire, et l'on arrive deux jours plus tard..... C'est ma faute... Heureusement encore que je tombé sur de braves gens qui ont bien voulu me recevoir.

SCÈNE V.

MAUREL, *en haut,* ANDRÉ, *en bas, d'abord* (1).

ANDRÉ, *sortant de la chambre de droite.* Le sommeil semble vouloir lui apporter un moment de calme.

MAUREL, *continuant ses préparatifs pour se coucher.* A ce que j'ai pu voir, cette brave dame est bien pauvre. (*Avec un soupir de regret.*) Ah!...

ANDRÉ. Mais le réveil? le réveil?...

MAUREL, *tenant une bourse qu'il s'apprête à poser sur une petite table.* Qui sait?... Ce que contient cette bourse ferait peut-être le bonheur de bien des gens!...
(Il jette la bourse sur la table et s'approche du lit.)

ANDRÉ, *se retournant brusquement au bruit de l'argent.* Hein?... Ah! c'est l'étranger que ma mère a reçu tout à l'heure. J'avais oublié...
(Il écoute.)

MAUREL, *se jetant sur le lit.* Voilà déjà cinq jours que je n'ai pas embrassé ma petite Louise... Cinq jours qu'elle ne m'a dit : Bonsoir, père. Chère enfant!...

ANDRÉ. Pauvre mère!..... ce bruit que je viens d'entendre... c'était celui d'une bourse pleine d'argent, qui tombait sur la table..... C'est horrible de penser que votre mère est là qui... (*Il fait quelques pas vers la soupente et s'arrête honteux.*) C'est une affreuse idée... Oh! non!... oh! malgré moi... *Il monte l'escalier et s'arrête au bord de la soupente.*) ma mère!... c'est de la folie!... du délire!... (*Entrant.*) Je ne sais pas ce que c'est... mais il faut!...
(Il pose la main sur la bourse qui est sur la table. Sur les dernières paroles d'André, Maurel s'est éveillé et s'est dressé sur son séant. Au moment

(1) André, Maurel.

où André saisit la bourse, Maurel lui met la main sur l'épaule.)

MAUREL, *à mi-voix.* Malheureux!...

ANDRÉ, *hors de lui.* Ah!... prenez garde...

MAUREL. A quoi donc?... Voudriez-vous me tuer pour mieux me vol...

ANDRÉ. N'achevez pas, monsieur!...

MAUREL. Comment donc nommez-vous l'homme qui profite du sommeil de son hôte, pour venir...

ANDRÉ. Ah! vous ne comprenez pas... vous ne pouvez pas comprendre...

MAUREL, *élevant la voix.* Voyons... je suis seul chez vous et sans défense... je suis vieux, vous êtes jeune... pourquoi n'allez-vous pas jusqu'au bout... pourquoi?...

ANDRÉ, *montrant la chambre de sa mère.* Taisez-vous, monsieur, ma mère se meurt.

MAUREL. Votre mère!... si jeune, si pâle, si tremblante... je sens malgré moi ma colère qui s'en va... pour faire place à la pitié...

ANDRÉ. Au mépris, n'est-ce pas?

MAUREL. J'ai dit à la pitié... Répondez-moi : vous ne devez pas être un malhonnête homme... qu'est-ce qui vous a poussé à cette extrémité?...

ANDRÉ. Ma volonté... Ne me demandez plus rien... Puisque je suis un lâche, que je n'ose pas achever ce que j'ai commencé, usez de votre droit... sortez d'ici... allez rapporter ce que vous y avez vu... et que tout soit dit.

MAUREL. Jeunesse et orgueil!... Eh bien, voulez-vous que je vous dise, moi, comment vous en êtes venu là?... C'est que depuis longtemps déjà le malheur est entré dans votre maison; c'est qu'après avoir lutté courageusement peut-être, mais en vain contre lui, vous avez fini par perdre le courage et l'espoir; c'est que, voyant votre mère souffrir et ployer enfin sous le poids de cette misère, votre tête s'est perdue, et que le hasard venant frapper à votre porte, vous n'avez pas eu la force d'attendre un jour de plus.

ANDRÉ. Un jour de plus!...

MAUREL. Oui, un jour qui peut-être eût tout changé dans votre vie; un jour qui pouvait amener un miracle... Il y a un Dieu!...

ANDRÉ. Je l'ai prié bien souvent, monsieur.

MAUREL. Mais vous vous êtes lassé, n'est-ce pas?... Qui vous dit que ce n'est pas à l'heure où la foi vous abandonnait que le miracle allait s'opérer?... Qui vous dit que je n'étais pas envoyé, moi, pour l'accomplir?...

ANDRÉ. Vous?...

MAUREL. Pourquoi, au lieu de blasphémer, n'êtes-vous pas venu tout droit, confiant, me dire : Je suis pauvre, ma mère souffre... donnez-moi...

ANDRÉ (1). Mendier!... Croyez-vous donc que je ne l'aie pas tenté d'abord?... Oui, monsieur, moi, André Rubner, j'ai mendié, une fois... une seule fois, entendez-vous?..... J'ai senti l'aumône brûler mes doigts, et j'ai rejeté au visage de celui qui me l'avait donné, cet argent...

MAUREL. Et vous aimez votre mère?

ANDRÉ. Si je l'aime!... elle pour qui...

MAUREL. Pour qui vous préféreriez commettre un crime qui l'eût flétrie et tuée peut-être... que de courber la tête un instant.

ANDRÉ. Que dites-vous?...

MAUREL. Non, vous n'aimez pas votre mère,

(1) Maurel, André.

puisque vous n'avez pas le courage de vous immoler pour elle...

ANDRÉ. Moi... mais je donnerais ma vie...

MAUREL. Et, pour garder la sienne, vous rougissez de tendre la main à l'aumône!...

ANDRÉ. Oh!

MAUREL. L'aumône ce bienfait de Dieu; cette mission sacrée que ses seuls élus sont appelés à remplir sur terre... Revenez en vous-même... — sortez hardiment de l'erreur qui aveugle, et de la fausse honte qui abaisse; sortez de ce piège que le respect humain tend aux âmes faibles, et dans lequel vous êtes tombé; allez, l'aumône, qui honore celui qui la fait, ne peut pas flétrir celui qui la reçoit.

ANDRÉ. Oh! pitié, monsieur, pitié!

MAUREL. Et le seul grand, le seul fort, est celui qui prouve son amour, non pas par la vaine arrogance de faux préjugés et de ridicules points d'honneur; mais par l'oubli de soi-même, et la liberté de sa conscience, en crucifiant son orgueil sur la croix du dévouement.

ANDRÉ, *qui peu à peu a courbé la tête et s'est incliné comme sous une influence irrésistible.* Ma mère souffre, Monsieur. — Donnez-moi!

MAUREL, *va prendre la bourse sur la table et la donne à André.* Il n'y a dans cette bourse qu'une faible somme. Quand vous l'aurez épuisée allez jusqu'à Marseille, demandez Jacques Maurel, l'armateur, et venez à lui.

ANDRÉ. Monsieur, vous venez d'accomplir le miracle : vous venez de me rendre la foi : je suis sauvé!.... Nous nous quitterons tout à l'heure sans doute... mais n'oubliez pas que je me nomme André Rubner. A quelle heure de la vie que ce soit, si le hasard me jette au-devant de vous, et que vous ayez besoin de mon sang, dites un mot, faites un signe, et vous verrez si je me souviens!

SCÈNE VI.

ANDRÉ RUBNER, MAUREL. JEANNE RUBNER, *paraissant à la porte* (1).

ANDRÉ. Ma mère, vous venez de prier, n'est-ce pas?

JEANNE. Oui; on est plus fort après la prière.

ANDRÉ. Dieu vous a entendue, ma mère; il est venu à nous!
(Il s'agenouille devant Maurel et Jeanne lève les mains au ciel.)

MAUREL. Dieu ne veut pas qu'on désespère!

ACTE PREMIER.

—

Deuxième Tableau.

Un cabinet de travail chez Jacques Maurel, — portes latérales, porte au fond, une fenêtre donnant sur un jardin.

SCÈNE PREMIÈRE.

MAUREL, GILBERT.

Au lever du rideau, Maurel entre de gauche. Il

(1) Jeanne, Maurel, André.

est sombre et semble absorbé dans une grave préoccupation. Un instant après lui, paraît Gilbert qui le suivait à son insu. Il entre sans être vu de Maurel et s'approche doucement d'un grand bureau debout sans perdre de vue Jacques Maurel (1).

MAUREL. Mes démarches sont restées vaines. tout est contre moi ! (*apercevant Gilbert*) Vous étiez là, Gilbert?

GILBERT. Oui... je vérifiais... je vous gêne?

MAUREL. *Affectant un grand calme*. Non. Tu as prévenu ma fille que vous partiez ce matin même pour Sainte-Marie?

GILBERT. *Près de la fenêtre*. Non, pas encore; mais justement, je l'aperçois qui vient du jardin, je vais...

MAUREL. C'est cela. Je l'embrasserai avant son départ.

(Il entre dans une pièce voisine à droite).

SCÈNE II.

GILBERT, *seul un moment, puis* LOUISE.

GILBERT. Seul. Égoïste!.. qui veut garder tous les tourments pour lui seul, et ne m'en donnerait pas seulement la moitié d'un ! comme si j'avais besoin de sa permission pour souffrir avec lui! comme si je ne ressentais pas comme lui-même le coup horrible qui vient de le frapper! (*Louise paraît*) Et jusqu'à sa fille, cette chère Louise, qu'il veut aussi éloigner.

LOUISE (2). M'éloigner. (*un bouquet à la main*).

GILBERT. surpris. Plaît-il?

LOUISE. Gilbert, vous venez de dire... parlez... est-ce mon père qui voudrait me séparer de lui?

GILBERT. Je parle donc tout haut?... Vous avez entendu?...

LOUISE, *descendant la scène* Oui, je veux savoir...

GILBERT. Après ça, ce que j'ai dit est tout simple. Aussi bien, c'est une commission dont M. Maurel m'a chargé.

LOUISE. Pourquoi?...que signifie tout cela?.. dites donc. Je vais moi même trouver mon père... à cette heure, il doit être levé? Il m'expliquera...

(Elle remonte à droite).

GILBERT. Levé? Lui?... depuis longtemps il ne se donne plus cette peine là.

LOUISE. Comment?

GILBERT. Dame ! quand on ne se couche pas, c'est commode, on n'a pas besoin de se lever.

LOUISE. A son âge... passer ainsi les nuits !... Elles sont donc bien graves les affaires qui l'occupent?

GILBERT. *à lui-même*. Oui.

LOUISE. Mais ce n'est pas une raison, pourquoi ne lui défendez-vous pas de se fatiguer tant que cela, Gilbert?

GILBERT. Avec ça qu'il m'écoute beaucoup, ah, il sait bien se débarrasser des gens, allez... Il y a presqu'un mois qu'il ne m'adresse plus la parole. De cette manière là, on évite toutes les observations. Je remarquais bien, depuis quelque temps qu'il avait une ar-

(1) Maurel, Gilbert.
(2) Gilbert, Louise.

rière pensée !... Je suis de trop ici, moi, je le gêne... il a la manie de vouloir être le maître chez lui... et comme vous le gênez aussi...

LOUISE. Moi?

GILBERT. Dame ! Puisque pour être plus libre de faire ses volontés, il veut également se débarrasser de vous.

LOUISE. Mon Dieu! Gilbert, quelle inquiétude vous me donnez, mon père voudrait se débarrasser de moi, de sa fille?... et de vous qui?..

GILBERT. Cela me paraît clair, puisqu'il vous renvoie.

LOUISE. Comment?

GILBERT. Mon Dieu, oui... nous allons partir tout-à l'heure, Rose est en train de faire vos paquets.

LOUISE. Que voulez-vous dire?

GILBERT. Nous déménageons, voilà tout, M. Maurel nous donne congé, nous allons demeurer, par son ordre, à six lieues d'ici, à Sainte-Marie.

LOUISE. A Sainte-Marie?

GILBERT. Oui, M. Maurel dit que, depuis plus d'un an que madame votre tante vous demande auprès d'elle... il ne peut lui refuser plus longtemps...

LOUISE, *pensive*. Ah? Le fait est que cette bonne tante le tourmente bien depuis... depuis la dernière fois que vous m'y avez conduite, vous savez...

GILBERT. Est-ce que ça vous fait plaisir, à vous?

LOUISE, *rêveuse*. Mon père le veut absolument.

GILBERT, Absolument.

LOUISE, *triste*. Ah!

GILBERT. Ça ne vous fait pas grand plaisir, hein?

LOUISE, *soupirant*. Ce doit être si triste maintenant à Sainte-Marie.

GILBERT, *vivement*. Oh ! ça, oui, par exemple, ça doit être triste.

LOUISE. Si désert!...

GILBERT. Un vrai cimetière, (*à part*) j'aimerais autant qu'elle ne partît pas, moi. Il serait moins seul, lui.

LOUISE. Tout doit y être en deuil à présent.. qu'il n'y a plus personne.

GILBERT. Plus personne ? (*à part*). Tiens, tiens, tiens!... est-ce que ?...

LOUISE. Mais je te dis là des choses... Je suis folle, n'est-ce pas?... ne cherche pas à comprendre, va (1).

GILBERT, *illuminé*. Moi ?... oh ! je pensais déjà à autre chose... ainsi nous n'irons pas à Sainte-Marie, voilà qui est dit. (*finement*) Ah!... à propos, hier vous avez vu votre vieux docteur : comment vous a-t-il trouvée ?

LOUISE. Comme à l'ordinaire ? Pourquoi ?

GILBERT. Oh ! pour rien, c'est que vous me paraissez un peu pâlotte ce matin... Il vous a ordonné d'affreuses médecines, je suis sûr...

LOUISE. Non... de tous les médecins dont m'a entourée mon père, M. Germon est le seul qui n'ait pas résolu de me noyer dans les tisanes et les potions.

GILBERT. Chacun son système... dans quoi prétend-il vous noyer, lui ?...

LOUISE, *souriant*. Dans les distractions, dans les plaisirs.

GILBERT. C'est moins amer à avaler.

(1) Louise, Gilbert.

LOUISE, *de même*. Oui, sa dernière ordonnance est ainsi conçue : « Beaucoup de soleil « peu de solitude ; des chansons dans le gosier « et de la gaîté dans le cœur. »

GILBERT. Il n'y a plus qu'à aller chez le pharmacien : Faites une pommade de tout cela et frictionnez vous en à tour de bras... C'est un fameux original que ce bon M. Germon. Savez-vous ce qu'il me contait un jour ?

LOUISE. *distraite de nouveau*. Quoi donc ?

GILBERT. Une cure merveilleuse qu'il se vante d'avoir faite sur la personne de cette jeune dame que vous avez vue dernièrement chez madame Verneuil), vous vous rappelez ?

LOUISE, *indifférente*. Oui, oui, très-bien.

GILBERT. Il paraît que cette jeune dame, du temps qu'elle n'était pas encore d'âne, était pâle, faible, maladive comme vous l'êtes à présent, elle avait pour les médecins la même horreur que vous.

LOUISE, *avec intérêt*. Ah !

GILBERT. Et ces messieurs de leur côté, étaient aussi très-embarrassés de définir la nature de son mal.

LOUISE. Mais cette jeune dame était pleine de santé quand je l'ai vue...

GILBERT. C'est là la cure merveilleuse de notre bon docteur... Devinez comment il l'a guérie.

LOUISE. Dis.

GILBERT. En usant de son influence sur ses parents pour la marier à M. de Melleville...

LOUISE, *étourdiment*. Ah ! elle l'aimait donc bien?

GILBERT, *triomphant*. Tiens ! vous avez deviné... comme ça... que...

LOUISE, *embarrassée*. Mais... c'est toi... je croyais... vous venez de dire...

GILBERT, *avec expansion*. Voyons, mademoiselle Louise, en devinant le secret de madame de Melleville le vôtre vous est à moitié échappé... Ayez confiance en votre vieux Gilbert... Est-ce que je ne suis pas un second père pour vous ? Est-ce que je ne vous aime pas comme j'aurais aimé mes enfants à moi, si j'avais eu le temps d'en avoir?

LOUISE. Mais je n'ai pas de secret, je n'ai rien à te dire, Gilbert...

GILBERT. Cherchez bien... vous verrez que cela soulage d'ouvrir son cœur à un ami... cherchez bien... dans vos souvenirs de Sainte-Marie, par exemple !

LOUISE. De Sainte-Marie ?

GILBERT. Oui... l'allée des marronniers, les lauriers roses, la terrasse... pourquoi tout doit-il être en deuil *à présent*?

LOUISE. Mais... je te l'ai dit... parce que... qu'as-tu donc à m'interroger ainsi ce matin?...

GILBERT. Le mont Génisse et le précipice qui est à son pied ?... cherchez... n'est-ce pas là que vous avez failli périr, il y a un an environ?

LOUISE. Périr... comment sais-tu ?

GILBERT. Est-ce que je ne sais pas tout, moi... même ce que l'on cache à votre père pour ne pas l'effrayer ?...

LOUISE. Alors, tu sais aussi ?...

GILBERT. Je vous dis que je sais tout.

LOUISE, *s'abandonnant*. C'est le bon Dieu qui l'a voulu, vois-tu !... je m'ennuyais chez ma tante, le parc me paraissait trop petit ; j'étais jalouse des chèvres que je voyais bondir sur la grande montagne rocheuse ; j'enviais leur liberté sauvage... un matin, tandis que tout le monde dormait encore à la maison, je sortis par le petit escalier de la terrasse : je courus jusqu'au mont Génisse, je l'escaladai seule, et j'arrivai toute fière au bord du précipice, mais là. .

GILBERT. Mais là, le vertige vous prit, et, sans un arbre dont les branches s'étendaient à moitié route au dessus du gouffre, vers lequel vous rouliez... votre vieux père, ni moi, nous n'avions plus d'enfant... heureusement que le hasard...

LOUISE, *vivement*. Oh !.. ce n'est pas le hasard ; c'est lui qui me sauva.

GILBERT. Ah !

LOUISE, *elle se lève*. Car le gouffre m'appelait toujours, et quand il arriva, lui, la branche trop faible allait céder... et m'entraîner avec elle.

GILBERT. M. Maurice Landais... n'est-ce pas ?

LOUISE. Oui, il s'appelle Maurice... au moment où je m'étais précipitée du mont Génisse, un cri de détresse avait répondu à mon cri de désespoir... c'est lui qui l'avait jeté... il était là, il m'avait vue... alors, au risque cent fois de mourir avant moi, il se laissa glisser le long du roc escarpé jusqu'à ce qu'il eut atteint l'arbre qui me retenait, puis il rampa jusqu'à l'extrémité pour me saisir... J'étais évanouie ; il m'attira à lui, et, jusqu'à ce que des pâtres, accourus à sa voix, fussent venus nous secourir, il me soutint dans ses bras.

GILBERT. Brave jeune homme, va.

LOUISE. Nous fûmes sauvés. M. Maurice eut le courage de me porter jusque chez ma tante. Là seulement, les forces lui manquèrent. Il pâlit tout-à-coup et s'évanouit à son tour.

GILBERT. Il s'était blessé.

LOUISE. Oui, Gilbert, et dangereusement... en m'arrachant de l'abîme !

GILBERT. Alors votre tante le retint de force et ne voulut pas qu'il fût soigné ailleurs que chez elle. Je l'aurais soigné moi-même, si j'avais été là !... c'était bien naturel,

LOUISE, *avec douleur*. Il est resté deux mois... et puis... il est parti (1) !

GILBERT. Et c'est pendant ces deux mois, qu'un beau matin, vous vous êtes aperçue qu'il pouvait y avoir au monde d'autres sentiments que l'affection que l'on donne à un père, ou à un ami. (*Léger mouvement de Louise.*) La reconnaissance, par exemple.

LOUISE, *comme à elle-même*. La reconnaissance?...

GILBERT. Oui, ou bien...

LOUISE, *très-tristement*. Mais depuis, mon bon Gilbert, je me suis dit bien souvent qu'il y a des bonheurs qui ne sont pas faits pour tout le monde, et que certains êtres ne peuvent... même rêver... sous peine d'en mourir.

GILBERT. Allons, bon !

LOUISE, *elle s'assied*. Tiens, en me parlant de madame de Melleville, tout à l'heure, tu m'as fait souvenir de quelque chose qui m'a rendue toute triste ce matin. Je regardais deux fleurs dans le jardin. C'étaient deux roses. L'une rayonnante de sève et de fraîcheur, étalait hardiment ses belles couleurs au grand jour; l'autre, la pauvre petite, toute pâle et déjà penchée vers la terre, semblait dire à sa sœur : « Ce n'est pas pour moi, va, que brillera tantôt le beau soleil ; ses premiers rayons me fatiguent déjà ! — Tu prendras ma part, ma sœur; moi... je n'y serai plus. » — Et il m'a

semblé qu'elle pleurait en disant cela, la pauvre petite rose...

(*Elle pleure.*)

GILBERT, *après avoir essuyé une larme*. Mais qui vous dit que vous ne le reverrez pas. Est-ce que c'est possible d'abord ?

LOUISE, *pleurant*. Qui sait!

GILBERT. Pourquoi aussi n'est-il pas venu tout droit trouver M. Maurel ? — Il était d'une bonne famille, à ce que j'ai pu savoir. Docteur en médecine déjà, plein d'avenir.

LOUISE. Mais il était pauvre et fier, et « je n'ai rien, m'a-t-il dit. Je vais chercher une position digne de vous. Jusque-là, priez pour moi; le ciel bénira mon travail. » J'ai bien prié... et il n'est pas encore revenu.

(*Elle pleure plus fort.*)

GILBERT. Bon ! bon ! il reviendra, je vous dis !

LOUISE, *elle se lève*. Il m'a fait jurer de garder notre secret jusqu'à son retour, et maintenant encore, mon bon Gilbert, songe que mon père ne doit rien savoir.

GILBERT. Votre père? Ah ! soyez tranquille... ce n'est pas aujourd'hui que je vais lui conter cette histoire-là... car, voyez-vous, voilà bien un problème résolu ; mais il y en a un autre...

(*Il remonte.*)

LOUISE, *elle remonte*. Quoi donc?

GILBERT. Écoutez, mademoiselle Louise, vous avez bien fait de m'ouvrir votre cœur... on ne sait pas... Enfin, nous n'irons pas à Sainte-Marie; mais il faut que vous me promettiez à votre tour de faire semblant d'être bien décidée à partir quand M. Maurel viendra vous dire adieu tout à l'heure.

LOUISE. Tromper mon père...

GILBERT. Il le faut. Vous saurez pourquoi plus tard.

LOUISE. Mais...

GILBERT. Vous le saurez, vous dis-je. Allons, le voici... pas un mot (*appuyant*) — pour votre père.

SCÈNE III.

GILBERT, LOUISE, JACQUES MAUREL (1).

LOUISE, *s'élançant dans ses bras avec inquiétude*. Mon père !

MAUREL, *affectant du calme*. Qu'as-tu donc, Louise ?

LOUISE. Comme vous êtes défait !... comme vous êtes pâle !

MAUREL. Tu trouves?... C'est que... j'ai beaucoup travaillé cette nuit... des comptes à régler... des livres à mettre en ordre... mais ce n'est rien. Je me porte bien.

LOUISE. Vous fatiguerez-vous donc toujours ainsi?

MAUREL. Non; c'est fini cette fois. Mes livres sont arrêtés.

LOUISE. Vous allez vous reposer?

MAUREL, *gêné*. Sans doute.

LOUISE. Enfin !

MAUREL. Gilbert t'a dit que... vous partiez ce matin même pour Sainte-Marie.

LOUISE. Oui.

MAUREL. Ma sœur t'attend. Tu sais qu'elle t'aime comme son enfant. Tu seras heureuse auprès d'elle.

LOUISE. C'est donc pour longtemps que vous me séparez de vous ?

MAUREL., *très-ému*. Pour quelques semaines peut-être... je ne puis te dire... c'est selon. Mais il est tard, et je crois qu'il est temps que...

LOUISE. Déjà !

GILBERT, *bas à Louise*. Qu'est-ce que cela vous fait puisque nous ne partons pas?

MAUREL, *retenant à peine son émotion*. Adieu, Louise. Embrasse-moi, mon enfant. (*Il la tient longtemps embrassée.*) J'ai prié le bon Gilbert de t'accompagner. Il t'aime bien aussi, lui. (*Se tournant vers Gilbert.*) Tu ne la quitteras pas, n'est-ce pas ?

GILBERT. Jamais.

MAUREL. Embrasse-moi encore, mon enfant... pour demain... pour tous les jours que nous allons rester sans nous voir.

LOUISE. Mon Dieu ! Votre voix est toute tremblante... vous pleurez. Qu'avez-vous, mon père? Vous cachez quelque chose à votre fille.

MAUREL. Moi... l'émotion de te quitter, même pour quelques jours, voilà tout... un enfantillage. Je t'aime tant, ma Louise!...

LOUISE. Pourquoi m'éloigner?

(*Gilbert lui fait des signes.*)

MAUREL, *se remettant*. Il le faut. (*Souriant avec effort.*) Je t'ai promise à ta tante. (*Il la conduit vers la porte latérale à gauche.*) Couvre-toi bien, entends-tu ? Vous n'arriverez sans doute qu'à la nuit, et les soirées sont encore fraîches à cette époque.

LOUISE, *se jetant de nouveau dans ses bras*. Mon bon père!

MAUREL, *il la couvre de baisers, puis la repousse doucement*. Va, va. (*Avec effort.*) A bientôt! à bientôt...

(*Il descend la scène.*)

LOUISE, *à Gilbert*. Oh ! moins que jamais je partirai.

GILBERT. C'est ça. Faites comme si vous sortiez rentrez tout doucement par la petite porte de derrière, et renfermez vous dans cette chambre-là.

(*Il montre la droite.*)

SCÈNE IV.

MAUREL, GILBERT, *qui reste sans être vu de Maurel* (1).

MAUREL, *se croyant seul. Il suit un moment sa fille des yeux, puis se laisse tomber sur un siége en poussant un sanglot de désespoir*. Ma fille !...

GILBERT, *à part et s'essuyant les yeux*. Pauvre homme !...

MAUREL, *après un mouvement*. Mais la honte!... elle serait pour elle aussi... mais le déshonneur!... (*Se levant.*) Allons, allons! c'était la dernière épreuve.

MAUREL, *sévèrement*. Encore ici, Gilbert ? Je vous croyais.

GILBERT, *embarrassé*. Avant de descendre,

je... rangeais ces papiers, tenez... pour... les mettre en ordre.

MAUREL. Louise doit vous attendre.

GILBERT. Je vais la rejoindre... tout de suite... je vais...

(Il fait quelques pas vers la porte et se retourne vers Maurel avec une grande émotion.)

J'y vais, monsieur Maurel.

MAUREL. A revoir, Gilbert (*hui tendant la main*) Adieu mon vieil ami.

GILBERT. A... Ad... (*éclatant*) Eh bien, non, non, non !... je ne vous quitterai pas comme ça.

MAUREL. Que signifie ?

GILBERT. Tout ce que vous voudrez. . Mais il ne sera pas dit que j'irai me promener sur la grande route pendant que vous, vous serez ici à pleurer tout seul dans votre coin.

MAUREL. Que voulez-vous donc dire, Gilbert ?

GILBERT. Je veux dire .. je veux dire que votre conduite... n'est pas loyale, à la fin ! (*Mouvement de Maurel*) Non, ce que vous faites-là n'est pas juste. — Ce n'est pas pour rien que je suis votre commis depuis vingt-cinq ans ! Vous n'avez pas le droit de m'envoyer promener ailleurs quand il y a du malheur à partager ici !

MAUREL. Dis quand il n'y a plus d'espoir.

GILBERT. Plus d'espoir... voilà encore ce qu'on ne doit pas dire. Et puis, en tous cas, on ne reste pas sans manger comme vous faites, on ne dévore pas ses larmes, on ne passe pas les nuits tout seul, quand on a à côté de soi un vieux qui est aussi gourmand de vos peines que vous.

MAUREL. Tu es un bon ami, Gilbert.

(Il le conduit devant un grand registre ouvert, à droite.)

Voici le bilan de trente années de labeurs et de probité.. Eh bien, ces chiffres froidement alignés, résultat de toute une vie honorable et sans reproches, sais-tu ce qu'ils signifient ? « Deshonneur, Faillite ! »

GILBERT. Faillite !...

MAUREL. Oui, faillite, entends-tu bien ? C'est-à-dire mon nom, le nom de Jacques Maurel... flétri, méprisé !... Faillite !... honte sur mes cheveux blancs !...

GILBERT. La honte... à vous ?... c'est impossible.

MAUREL. Pour toi, qui m'as vu laborieux, infatigable pendant vingt-cinq ans, ferme encore sur la brèche devant des catastrophes inouïes, redoublant de force et de courage dans cette lutte impossible du calcul de l'homme contre la destinée. Tu ne peux cesser de me croire honnête homme, toi, mais les autres...

GILBERT. Les autres penseront comme moi ? Est-ce que tout le monde ne vous connaît pas ? Le passé n'est-il pas là pour répondre de vous ?

MAUREL, *avec désespoir et ironie*. Le passé !.. que je leur dise à tous, qu'avant de tomber, je me suis raidi de toute la force que Dieu peut donner à une créature humaine ; que, corps à corps avec les événements, j'ai combattu jusqu'à ce qu'ils m'eussent terrassé, que je ne pouvais faire plus enfin... sais-tu ce qu'ils me répondront, eux qui ne voient, qui ne peuvent voir après tout que le résultat brutal... Failli, Banqueroutier !... voilà ce qu'ils me répondront !

GILBERT. Mon Dieu ! Il ne ne vous reste donc plus d'amis, aucun moyen, aucun espoir ?

MAUREL, *avec abattement*. Rien, puisque je cesse de lutter.

GILBERT, *désespéré*. Et dire que moi, moi vo-tre vieux Gilbert... je ne puis seulement pas.

MAUREL. Comprends-tu maintenant pourquoi j'ai voulu éloigner ma fille ? Comprends-tu que je ne veux pas qu'elle soit là, elle, lorsque... demain peut-être... ils viendront chasser son père de cette maison.

GILBERT. Par exemple !

MAUREL. Ils en auront le droit, Gilbert. Ils auront le droit de me dire : « Allez-vous-en, monsieur ! Cette demeure où vous avez vécu trente ans, où vous avez vu naître votre enfant et mourir sa mère, cette demeure, ni rien de ce qu'elle renferme n'est plus à vous. Rien... pas même les souvenirs !... Allez ! Allez vivre ailleurs, n'importe où à présent !... car voilà ce qu'ils me diront, Gilbert, voilà ce qu'ils me diront.

(Il pleure.)

GILBERT, *s'essuyant les yeux*. Eh bien ! à la bonne heure ! j'aime mieux vous voir pleurer. Ça me fait mal, ça me suffoque... mais au moins, ça ne... enfin j'ai moins peur.

MAUREL. Peur ? De quoi donc ?

GILBERT. Ah ! bien, qui sait ?... le silence m'é-pouvante plus que le franc désespoir, moi.

MAUREL. Comment ?

GILBERT. Eh bien oui. En vous voyant si triste, si sombre, si muet surtout depuis quelque temps, il m'était venu une crainte, oh ! mais, une crainte affreuse, voyez-vous !

MAUREL. Je ne comprends pas.

GILBERT, *lui prenant la main*. Monsieur Maurel, ce n'est pas à moi que vous le cacheriez, n'est-ce pas, parce que d'abord... et mademoiselle Louise donc ! ce serait une mauvaise action que vous feriez là.

MAUREL. Ce serait un devoir peut-être.

GILBERT. Ah ! vous voyez bien que j'avais raison d'avoir peur.

MAUREL. Oui, j'y ai songé... longtemps... j'ai pensé que la mort seule... (*se reprenant*) Mais sois tranquille, mon vieil ami ; ça n'a été qu'un éclair qui m'a traversé le cerveau. J'ai compris que je ne le devais pas.

GILBERT. Bien vrai ? Vous ne me trompez pas au moins ? c'est que... Ah ! vous m'enlevez un fier poids de dessus la poitrine !

MAUREL, *s'efforçant de sourire*. C'est donc cette... folle terreur qui... t'empêchait de partir tout à l'heure ?

GILBERT. Dam !

MAUREL. Eh bien ! te voilà rassuré maintenant.

GILBERT. Oui, et pourtant vous avouez...

MAUREL. Valait-il mieux me taire ? Puisque j'avoue, c'est que je me suis repenti.

GILBERT. Au fait ! D'ailleurs je vous ai pleurer, et puis... en effet... puisque vous m'avez dit de vous-même... Allons ! j'ai eu raison, mais j'aurais tort à présent, n'est-ce pas ?

MAUREL. Sans doute, aussi faut-il que tu conduises ma fille à Sainte-Marie. Toi... tu reviendras... parce que je serai bien aise de t'avoir, là, près de moi. Tandis qu'elle... elle ignorera tout... tu comprends ?

GILBERT. Nous partons tout de suite, et je suis de retour demain matin.

MAUREL. C'est cela, va.

GILBERT. Courage, M. Maurel. (*Au moment de partir, il s'arrête et revient.*) Tenez !... je ne sais pas... mais maintenant vous me diriez vous-même que vous me trompez, que je n'en serais pas plus inquiet pour cela. Il me semble qu'il y a un bon ange au-dessus de la maison.

(Il sort, demi-jour.)

SCÈNE V

MAUREL *seul, puis* RUBNER.

MAUREL. J'ai eu la force de leur mentir à tous... (*Il va au fond, à la fenêtre.*) Ils vont partir !... Louise ! ma fille bien-aimée ! je ne te reverrai plus jamais !! Oui, la mort... la mort efface tout. (*Ici André paraît au fond, dans le jardin.*) L'envie et la calomnie s'arrêtent devant une tombe. Le monde n'ose condamner celui qui, de sa propre volonté, s'en est allé s'offrir au tribunal suprême. (*André paraît à la porte.*) Mon devoir est tracé là, en caractères inflexibles. (*Il ouvre une boîte à pistolets.*) Tout est fini ; allons !

(Il arme un pistolet et s'apprête à se brûler la cervelle. André s'est avancé (1), Maurel se retourne effrayé d'avoir été surpris. Ils se regardent un moment en silence.)

ANDRÉ. Dieu ne veut pas qu'on désespère !

MAUREL. Qui êtes-vous, monsieur ? Comment se fait-il !

ANDRÉ. Je voulais absolument vous voir : j'attendais dans ce jardin. Le hasard m'a conduit jusqu'ici.

MAUREL. Je ne vous connais pas.

ANDRÉ. Je suis donc bien changé (*Silence interrogatif de Maurel.*) J'arrive des Indes, où, pendant deux ans, j'ai assisté aux coups acharnés de la fortune qui vient de consommer votre ruine. J'ai vu l'armateur Jacques Maurel perdre, un à un, tous ses vaisseaux et tous ses comptoirs, — tous, jusqu'au dernier. — Oui, monsieur, je vous ai vu tomber avant même que vous ne vous fussiez avoué vaincu. Je connaissais vos sentiments d'honneur et d'intégrité, j'ai deviné vos désespoirs : j'ai prévu ce que vous alliez faire, et je suis venu.

MAUREL. Je ne sais ce que vous voulez dire.

ANDRÉ. Ecoutez-moi donc, monsieur. Il y a dix ans, une pauvre vieille femme allait mourir de faim dans une triste maison, une pauvre cabane des environs de Marseille. Son fils, à peine âgé de vingt ans, après avoir couru la ville pendant deux jours, venait de rentrer les mains vides et le désespoir dans le cœur. Ce soir-là il faisait un grand orage. Un voyageur vint frapper à la porte de la masure et y demander l'hospitalité.

MAUREL. En effet... je me souviens... Ce jeune homme, égaré par les souffrances de sa mère, allait...

ANDRÉ. Oh ! achevez... allait commettre un crime peut-être !...

MAUREL. Lorsqu'une faible somme d'argent et de bonnes paroles le rappelèrent à la raison. Je lui pardonne du fond du cœur son aveuglement d'un instant, car il s'est bien loyalement repenti. Mais où voulez-vous en venir ?

ANDRÉ. Ce jeune homme s'appelait André Rubner... et André Rubner, c'est moi !

MAUREL. Vous !

ANDRÉ. Moi. Cet or que vous m'aviez donné, noble et sainte aumône, me permit d'attendre le travail, et sauva ma mère... à qui Dieu accorda encore six années pour vous bénir sur cette terre. (*Il essuie une larme.*) Ce que vous m'aviez dit m'avait rempli le cœur de force et de courage, je confiai ma mère aux soins d'une parente dévouée, et, me souvenant de l'état de mon père, je partis, comme lui jadis, en qualité de marin à bord d'un bâtiment marchand. Le sort m'a favorisé. Aujourd'hui,

____
(1) André, Maurel.

monsieur, je reviens dans mon pays, capitaine au long cours, riche, honnête homme, et, plus reconnaissant que jamais envers celui qui m'a fait ce que je suis, je viens mettre à votre disposition ma fortune et ma vie !!

MAUREL. Votre main, André Rubner; vous l'avez dit, c'est celle d'un honnête homme.

ANDRÉ, *avec bonheur*. Vous acceptez ?

MAUREL. Non, non.

ANDRÉ. Mais je vous ai dit que j'étais riche. Ma fortune peut refaire la vôtre. Vous n'avez pas le droit de me refuser, à moi, ce que vous pourriez hésiter à accepter d'un autre.

MAUREL. Je n'ai le droit de rien recevoir de personne, puisque je ne pourrais rien rendre.

ANDRÉ. Eh ! que pouvais-je donc vous rendre, moi, quand vous avez sauvé ma mère, quand vous m'avez donné l'amour du bien ?...

MAUREL. Enfant !... vous aviez votre vie tout entière pour payer une dette de quelques louis... moi, je suis trop vieux... pour espérer pouvoir m'acquitter jamais de celle que je contracterais aujourd'hui.

ANDRÉ. Mais ce que je vous offre n'est qu'une restitution !...

MAUREL. Vous ne devez rien qu'à vous-même et à Dieu... gardez votre fortune ; ma résolution est irrévocable.

ANDRÉ. Irrévocable !

MAUREL. Et puisque vous m'aviez deviné de si loin, capitaine André, c'est qu'à ma place vous eussiez fait ce que je vais faire.

ANDRÉ. Et c'est au moment où je puis vous prouver la reconnaissance éternelle, immuable que je vous ai vouée... C'est au moment où je puis vous rendre, en une seconde, au moins une partie de ce que je vous dois... que je ne trouve pas un seul mot pour vous convaincre... Luttes, fatigues, déceptions, travaux, espérances, à quoi m'aurez-vous donc servi !

MAUREL. Vos paroles sont grandes... André Rubner ; mais j'ai tout pesé... mon heure est venue... Encore une fois, donnez-moi la main et laissez-moi consacrer les instants qui me restent à prier pour ceux que je vais laisser après moi... (*Très-ému.*) à prier pour mon enfant ; pour ma fille !

ANDRÉ. Vous avez une fille ! et vous voulez mourir ?

MAUREL. Ah ! si j'avais seulement dix années de moins !

ANDRÉ. Monsieur Jacques Maurel, le capitaine André Rubner a l'honneur de vous demander la main de mademoiselle votre fille.

(Gilbert paraît sur les derniers mots d'André, à gauche. Louise paraît à droite, sortant de la chambre ; elle se soutient à peine.)

MAUREL. De ma fille ?...

SCÈNE VI

MAUREL, ANDRÉ RUBNER, GILBERT, LOUISE(1).

MAUREL *à Gilbert, qui paraît*. Gilbert !... ici !... ma fille? Vous n'êtes donc pas partis ?
(Il va pour entrer chez Louise. Louise paraît.)

LOUISE. Mon père, je serai heureuse et ho-

(1) Gilbert, André, Maurel, Louise.

norée de devenir la femme de M. André Rubner.

(André s'incline.)

GILBERT, *à part*. Je comprends.

MAUREL. Tu as entendu ?

LOUISE. Je vous aime, mon père.
(Elle se jette dans ses bras.)

GILBERT, *à part*. Chère fille !... en donnant ta main, tu espères pouvoir endormir ton cœur !... Que le passé ne le réveille pas un jour !

DEUXIÈME ACTE.

—

Troisième tableau.

Le théâtre représente un petit salon. — Portes latérales, porte au fond.

SCÈNE PREMIÈRE.

ROSE, PIERRE (1).

Au lever du rideau, Pierre est occupé à lier des paquets, Rose époussette des meubles.

PIERRE, *interrompant son occupation*. Rosette ?

ROSE. Quoi ?

PIERRE. Viens à côté de moi.

ROSE. Pourquoi faire ?

PIERRE. Viens toujours.

ROSE, *s'approchant*. Eh bien ! me v'là.

PIERRE. Dis-moi quelque chose.

ROSE. Qu'est-ce que tu veux que je te dise ?

PIERRE. Ce qu'on dit aux gens qu'on aime, donc !

ROSE. Tu choisis bien tes moments... ce matin surtout que, dans quelques heures, la maison va être tout sans dessus dessous pour le départ de M. Maurel...

PIERRE. Oh ! c'est donc pour aujourd'hui, décidément ?

ROSE. Il s'embarque à midi précis... pour New-York !

PIERRE. Pour New-York ! En voilà un voyage ! (*Il se lève.*) C'est égal, ça ne doit pas être amusant pour lui, hein, à son âge, de s'en aller comme ça si loin... et de laisser sa fille malade, sans être sûr qu'au retour il pourra encore l'embrasser...

ROSE. Veux-tu te taire ! T'as donc les idées noires, toi, ce matin ?

PIERRE. Au fait, c'est vrai, t'as raison ; parlons donc de quelque chose de plus gai... Dis donc, Rose, en te réveillant ce matin, il ne t'est pas venu une idée ?

ROSE. Non.

PIERRE. Il y a juste aujourd'hui un an que Mlle Maurel... est mariée.

ROSE. Tiens, c'est vrai !... Eh bien?...

PIERRE. Eh bien?... v'là tout ?...

ROSE. Quoi donc encore ?

PIERRE. Eh bien !... ça ne te fait pas penser à autre chose ?

(1) Pierre, Rose.

ROSE. C'est ce qui vous trompe !

PIERRE. A quoi donc, hein?

ROSE. Il y a juste aujourd'hui six mois que je m'appelle madame Pierre...

PIERRE, *l'embrassant*. Et que nous sommes heureux... six mois de bonheur !... c'est déjà quelque chose, n'est-ce pas?...

ROSE. Tiens ! c'est toujours ça qu'on a dans sa bourse... on est si peu sûr d'en avoir beaucoup de c'te monnaie-là !...

PIERRE. Et il y a tant de gens qui ne peuvent pas tant seulement mettre la main dessus !... M. et Mme Rubner, par exexemple.... Dis-donc, crois-tu que pendant leur année, ils aient touché la valeur de nos six mois?

ROSE, *soupirant*. J'ai bien peur que non...

PIERRE. Et cependant, monsieur est aux petits soins pour madame... madame est douce et bonne...

ROSE. Oui, mais... lui, il a un drôle d'air avec elle... il est toujours triste... Par moments, on dirait qu'il n'ose pas la regarder... Ils se parlent tous les deux comme si qu'ils n'étaient pas mariés... Et encore, c'est beaucoup s'ils se disent vingt paroles dans une journée...

PIERRE. Oh ! ça, ils ne sont pas bavards... ni gais, par exemple !... je ne les ai jamais vus sourire, moi !...

ROSE. Et ils ne se disputent jamais...

PIERRE. Ils ne doivent pas être d'accord... Et puis... as-tu remarqué?... A la manière dont ils se disent bonjour, ils ont toujours l'air de ne pas s'être vus... depuis qu'ils se sont dit bonsoir.

ROSE. A quoi vois-tu cela, toi ?

PIERRE. Est-ce que nous nous disons jamais bonjour de c'te façon là, nous ?

ROSE. Dam !... je ne sais pas moi... tout ça dépend peut-être de la manière dont on se dit bonsoir...

PIERRE, *l'embrassant de toutes ses forces*. Pardi !

ROSE. Veux-tu finir ?... voilà justement madame qui revient de son tour de jardin... avec M. Gilbert...

PIERRE. Avec M. Gilbert?... Eh bien, est-ce que ce ne devrait pas être à son mari qu'elle donne le bras?... plutôt qu'à ce brave homme...

ROSE. On dirait qu'elle est un peu moins pâle que d'habitude.
(Louise et Gilbert paraissent au fond, venant du jardin.)

SCÈNE II.

LES MÊMES, LOUISE, GILBERT (1).

LOUISE, *au bras de Gilbert*. Bonjour, Rosette !

PIERRE, *saluant*. Madame...

LOUISE. Ah ! c'est vous, Pierre ?... Regardez-les donc, Gilbert, comme ils sont bien portants tous deux !...

PIERRE. Oh ! ça, oui, dam !... nous sommes fermes... et... fermes !... n'est-ce pas, Rosette ?

(1) Gilbert, Louise, Rose, Pierre.

ROSE. Pardon, madame... nous avons à peine un moment à nous... Allons, viens, Pierre... n'oublie pas que c'est pour midi le départ de M. Maurel.

(Ils sortent tous deux à gauche.)

SCÈNE III.

LOUISE, GILBERT (1).

LOUISE, *elle s'assied à droite.* Oui... c'est donc bien décidé, Gilbert?... mon père va nous quitter pour longtemps...

GILBERT. Il le faut, mademoiselle... madame... sa présence est absolument nécessaire à New-York... vous savez... il y a des circonstances... Oh! il faut qu'il y soit bien forcé...

LOUISE. Et son absence durera?...

GILBERT. Oh! quatre ou cinq mois, tout au plus...

LOUISE. C'est bien long, Gilbert!...

GILBERT. On tâchera de vous la rendre moins pénible... en vous aimant encore plus qu'on ne vous aime... si cela est possible...

LOUISE. Comme vous êtes bon!... heureusement que vous serez là...

GILBERT. Oh! soyez tranquille!... à nous deux, M. André...

LOUISE. Oh! oui... lui aussi... Mais vous oubliez qu'il y a une chose contre laquelle on ne peut pas lutter, mon ami : la santé qui vous abandonne, les forces qui s'épuisent de jour en jour... Cinq mois!... c'est bien long, Gilbert!

GILBERT. Que dites-vous donc!... mais vous allez mieux... Tenez, aujourd'hui, vous êtes fraîche comme une rose...

LOUISE, *serrant affectueusement la main de Gilbert, en souriant.* Ma vie s'en va, Gilbert!...

GILBERT, *arrachant brusquement sa main de celle de Louise et détournant la tête.* Ah! c'est mal!...

LOUISE. Je vous afflige... vous m'en voulez?

GILBERT. Vous le mériteriez bien, allez... puisque je vous dis que vous vous portez beaucoup mieux depuis quelque temps!... Je vous connais, que diable!... D'où souffrez-vous donc comme ça... quand vous ne vous sentez pas bien?

LOUISE. Je ne sais pas... et, croyez-moi, c'est pour cela même que je n'ai rien à espérer...

GILBERT. Allons donc !

LOUISE. Peut-on guérir d'un mal dont on ignore la cause?

GILBERT. On ne l'ignore jamais, la cause...

LOUISE. Cependant...

GILBERT. Cependant... je dis, moi, qu'il y a une source à tout...

LOUISE. Puisque tant de médecins n'ont pu.

GILBERT. C'est que ces messieur-là ne savaient pas leur état, voilà tout... du reste, aujourd'hui même, il va en venir un qui, à ce qu'il paraît, s'y connaît mieux que les autres...

LOUISE. Ah !...

(1) Gilbert, Louise.

GILBERT. Ah! tiens!... monsieur Maurel m'avait défendu de vous dire... mais, ma foi!...

LOUISE. Encore?... ah! cette fois, par exemple... je ne verrai pas celui-ci!... que me veulent-ils donc tous... puisqu'ils sortent d'ici aussi peu avancés que lorsqu'ils y entrent?... qu'ils me laissent donc souffrir en paix, puisqu'ils n'ont pas de remède à mes maux... qu'ils me laissent.

GILBERT. C'est votre père, et monsieur Rubner qui ont pensé que...

LOUISE. Non... je les en remercie du fond du cœur; mais ils se trompent encore... comme toujours... je ne verrai pas ce médecin, Gilbert!... quand je devrais m'enfermer dans ma chambre, toute seule... dites-le bien à mon père!

GILBERT. Cependant .. une dernière fois...

LOUISE. Non, non, non... Ah! vous ne savez pas quel mal vous venez de me faire, en m'annonçant cette nouvelle... N'ai-je pas assez de témoins de mes douleurs, ici... sans qu'un étranger vienne encore y assister?... Ah! je suis bien tourmentée (1)!...

GILBERT. Voyons!... pour vos amis... qui voudraient vous voir si heureuse... pour ce pauvre monsieur André... qui souffre tant, lui, de vous voir souffrir!...

LOUISE, *douloureusement.* Oui...

GILBERT. Dam!... je crois bien!... Oh! il ne doit pas vous le faire voir... c'est un de ces hommes qui ont la force de concentrer leur peine, de peur d'augmenter celle des autres... mais au fond... Eh!... il vous aime si fortement!...

LOUISE. Je l'aime aussi, moi, Gilbert...

GILBERT. Eh bien!... mais... il ne manquerait plus que...

LOUISE. C'est une grande âme que celle de M. Rubner.

GILBERT. Oh! oui!... et il peut se vanter de s'être acquis mon amitié pour tout de bon et pour toujours... ces gens-là sont rares...

LOUISE. J'ai souvent pensé que tout ce qu'une femme pourrait avoir en elle d'abnégation et de dévouement .. il en serait bien digne...

GILBERT. Et vous voyez que tout est bien fait : comme votre cœur était le seul qui fût assez riche pour payer tant d'affection, c'est lui que le bon Dieu a chargé de ce soin.

LOUISE. Oui...

GILBERT. N'est-ce pas qu'il ne s'est pas trompé dans son choix?

LOUISE. Non, oh non, Gilbert... je vous le jure : ce que j'éprouve pour monsieur Rubner est quelque chose qui tient du culte et de l'admiration, une de ces affections saintes et pures, sœurs de l'amitié et de la reconnaissance; capables de remplir une existence tout entière... un de ces doux entraînements qui peu à peu font entrevoir le bonheur dans l'avenir, en essuyant les larmes du passé...

GILBERT. L'amitié et la reconnaissance... oui... mais il y peut-être un autre sentiment que vous oubliez, et qui ne lui déplairait peut-être pas à cet homme, qui fait bien partie de la même famille... mais un peu plus jeune, un peu plus vif, peut-être... Enfin, une chose... qui est venue frapper à la porte de mon cœur, à moi aussi, quand j'avais vingt ans,.. dont je me souviens encore, à soixante dix... et qui, de mon temps, s'appelait de... l'amour?...

LOUISE. Si le mot n'est pas venu sur mes

(1) Louise, Gilbert.

lèvres, Gilbert... il était au fond de mo cœur...

GILBERT, *discrètement.* Oui, au fond... tout au fond, n'est-ce pas?

LOUISE. Ne me jugez pas trop sévèrement, Gilbert...

GILBERT. Sévèrement?... vous, pauvre ange! vous qui, à l'heure qu'il est, succombez sans vous plaindre sous le poids du sacrifice!... Est-ce que je n'ai pas tout vu?...

LOUISE, *elle se lève.* Vous avez compris, n'est-ce pas, que ce jour-là, je donnais à mon père toute ma vie!... Vous avez compris que l'existence qui s'ouvrait devant moi était un cloître où j'allais ensevelir mes rêves... les rêves de ma jeunesse!...

GILBERT. Oh! je sentais bien ça, allez!... mais, je me disais tout bas : je resterai près de sa cellule, et je trouverai bien moyen de lui glisser, de temps en temps, une bonne petite parole, qui la fera sourire sous son voile de deuil...

LOUISE. Oh! je vous assure que j'ai été courageuse, Gilbert... que j'ai cherché à être heureuse... et j'y serais arrivée si le corps n'avait pas été trop faible pour lutter contre les douleurs de l'âme!... Oui, je touchais au but... le souvenir s'effaçait... (*Devenant rêveuse*), peu à peu... son nom revenait moins souvent à ma pensée...

GILBERT. Son nom?... Quoi?... de qui?...

LOUISE, *presque à voix basse.* De Maurice Landais...

GILBERT, *lui mettant la main sur la bouche.* Hein !

LOUISE. Pardon!... Oh! pardon!... je ne le dirai plus?... Eh bien! je le sens, mon bon Gilbert, quand même la santé pourrait me revenir... quand même je ne devrais pas bientôt vous quitter... Je crois, oui, je crois que ce serait la dernière fois que j'aurais eu besoin de prononcer ce nom-là !...

GILBERT. Ah! vous dites?...

LOUISE. Oui, parce que maintenant, à côté de lui vient se placer impérieusement le nom de cet autre homme, si grand, si dévoué, de cet homme que je veux aimer... que j'aime... André Rubner!... Mon Dieu!... mon Dieu, ayez pitié de moi... ne me prenez pas encore... quelques jours de plus... puisque vous me faites entrevoir l'oubli, donnez-moi la force d'aller jusque-là !...

(André Rubner paraît.)

GILBERT, *à lui-même.* Voilà monsieur Rubner... (*En sortant*) Allons, allons; je crois qu'il y a un peu de mieux.

(Il sort discrètement à gauche après l'entrée d'André.)

SCÈNE IV.

LOUISE, ANDRÉ (1).

LOUISE. C'est vous, mon ami?...

ANDRÉ. Oui, je rentrais... une visite que j'ai été obligé de faire... une démarche relative au départ de votre père...

LOUISE. Ah !...

(Elle lui tend la main et le front. André la baise au front et se retourne pour essuyer une larme.)

Qu'avez-vous, André?

(1) Louise, André.

ANDRÉ, *s'asseyant.* Rien... je suis un peu las... j'ai la sotte habitude de vouloir toujours faire mes courses à pied...

LOUISE. Comme si vous n'aviez pas de bons chevaux à votre disposition.

ANDRÉ. C'est vrai... j'ignore pourquoi...

LOUISE. On dirait que vous vous fatiguez à plaisir...

ANDRÉ. J'ai peut-être raison, après tout!...

LOUISE. Comment?...

ANDRÉ. Sans doute!... quand le corps est brisé... le cœur est plus calme, la tête est plus forte...

LOUISE. André!

ANDRÉ. Ah! oui... pardon... (*Il se lève.*) Pardon encore, tenez, de vous faire subir les boutades de mon caractère insupportable et ridicule... Je suis toujours le même, n'est-ce pas!

LOUISE. Mais je ne vous en veux point, mon ami...

ANDRÉ. Je ne vous ai même pas demandé en entrant comment vous vous sentiez ce matin...

LOUISE. Un peu moins souffrante peut-être...

ANDRÉ. Oh! tant mieux... Espérons que le nouveau médecin que Paris nous envoie aujourd'hui trouvera ce secret échappé à tant d'autres... Il faut vous attendre à vous le voir présenter d'un moment à l'autre par votre père.

LOUISE. Ah! ne me parlez pas de ce médecin... Je ne crois qu'en Dieu pour les résurrections!...

ANDRÉ. Que dites-vous là?...

LOUISE. Voulez-vous savoir, André, ce qui peut-être pourrait me rattacher à la vie?...

ANDRÉ. Quoi?...

LOUISE. Ce serait de vous voir heureux, André!

ANDRÉ. Mais qui vous dit...

LOUISE. Je le sais... Croyez-vous donc que, depuis un an, je ne vous aie pas deviné!... Ces larmes que je vous ai vu si souvent vous efforcer de me cacher... croyez-vous qu'elles ne me soient pas retombées là?...

ANDRÉ. Des larmes!

LOUISE, *lui prenant la main.* André, laissez parler vos douleurs... mettez votre cœur à côté du mien... ne veuillez pas être malheureux tout seul, et vous verrez... je suis bonne, allez... je suis bonne...

ANDRÉ. Eh! oui, je souffre... et je souffre bien, je vous l'avoue... mais je dois m'y faire; c'est ma tâche... je la remplis... je ne me plains pas. (*Il s'assied.*)

LOUISE, *se levant.* Vous me maudissez parfois n'est-ce pas?...

ANDRÉ. Vous maudire, vous?... Non... Est-ce votre faute, à vous, s'il m'a pris fantaisie un jour de venir disposer de votre existence?...

LOUISE. Bien noblement, André.

ANDRÉ. Est-ce votre faute, si un hasard égoïste, prenant le devoir pour prétexte, vous a forcée à accepter la main d'un homme que vous ne connaissiez pas, que vous n'aviez jamais vu... Est-ce votre faute si, moi qui n'avais plus de mère, qui étais perdu, seul sur la terre... malgré moi j'ai rêvé qu'un ange pourrait me consoler?... Est-ce votre faute, enfin, si je vous ai aimée?...

LOUISE. Ah! que vous me faites de mal en parlant ainsi!... André... après la lutte et l'épreuve, croyez-vous donc que le ciel ne donne pas à tous le repos et l'espérance?...

ANDRÉ, *se levant.* Merci, Louise, merci... Mais l'espérance... pourquoi chercher à vous tromper vous-même? Laissez-moi jusqu'à la fin marcher dans ma réalité... qu'importe ce qui est et ce qui sera, pourvu que ceux qui nous entourent nous croient heureux, et que seul j'aperçoive l'abîme que la fatalité a creusé entre nous (1)!...

LOUISE. Ah! vous êtes cruel!...

ANDRÉ. Encore une fois, j'accepte tout... Je me suis jeté en aveugle dans le présent... l'avenir sera ce qu'il devra être... quant au passé...

LOUISE. L'avenir peut être beau, André... le passé...

ANDRÉ. Oh! n'en dites rien...

LOUISE. Je puis en parler...

ANDRÉ. Quel compte ai-je à vous demander (2)? Si jamais d'ailleurs l'interrogation était venue sur mes lèvres, aurais-je pensé qu'une seule de vos réponses eût pu vous faire rougir? Non. — Vous serez toujours pour moi épouse chaste et pure, comme vous avez été fille sainte et dévouée... Encore une fois, c'est du hasard que je me plains... du hasard qui m'a jeté sur votre route (3)...

LOUISE. Et si ce n'était pas le hasard... mais bien la Providence qui eût tout conduit depuis que je vous ai rencontré...

ANDRÉ, *s'asseyant.* Que voulez-vous dire?

LOUISE. Si c'était elle qui eût voulu qu'une année d'épreuve vînt encore vous grandir à mes yeux, en me détaillant de jour en jour vos vertus, et faire naître dans mon âme le germe du bonheur que vous méritez si bien?...

ANDRÉ. Louise, il y a de ces lueurs d'avenir qui suffiraient à elles seules pour faire oublier des siècles de tortures... Ah! mais... je n'ose pas vous comprendre!...

LOUISE. André... écoutez-moi bien... à cette heure, il me semble que vous êtes le seul homme qu'une femme puisse aimer avec orgueil!...

ANDRÉ, *se lève.* Est-ce ma vie qui recommence?... (*Gilbert paraît.*) Oh! ne me dites plus rien... laissez-moi bien renfermer vos paroles en moi-même... il me semble qu'un nouveau caprice du destin va me les voler!...

SCÈNE V.

LOUISE, ANDRÉ, RUBNER, GILBERT, *puis* MAUREL *et* MAURICE LANDAIS (4).

GILBERT, *à demi-voix.* Le docteur, Madame.

LOUISE. Non!... je ne veux pas le voir... je me sens beaucoup mieux, d'ailleurs...

GILBERT. Vous ne pouvez pas l'éviter, Madame; c'est M. Maurel lui-même qui vous l'amène.

MAUREL, *paraissant au fond, à Maurice qui l'accompagne.* Monsieur, je quitte Marseille avant une heure... Mon absence sera peut-être longue; faites qu'à mon retour, je retrouve ma fille le sourire aux lèvres et la santé sur le visage... (*Maurice s'incline.*)

(1) André, Louise.
(2) Louise, André.
(3) André, Louise.
(4) Gilbert, André, Maurel, Maurice, Louise.

Louise, je te présente M. le docteur Maurice Landais.

LOUISE, *tombant sans connaissance.* Maurice!

ANDRÉ. Qu'avez-vous, Louise?...

GILBERT, *à André vivement pour détourner son attention, lui prenant le bras.* Rien... C'est nerveux! Vous savez bien qu'elle ne peut plus souffrir les médecins!.. (*A part en croisant les mains.*) Maurice Landais.

TROISIÈME ACTE.

—

Quatrième tableau.

Le théâtre représente un boudoir précédant la chambre de Louise. — Portes à droite et à gauche. Porte au fond vers la gauche.

SCÈNE PREMIÈRE.

LOUISE, ROSE (1).

Au lever du rideau, Louise est assise près d'un guéridon.

LOUISE, *comme sortant d'un rêve.* Ah! vous êtes là, Rose?

ROSE. Oui; madame n'a plus besoin de moi?...

LOUISE. Non.

ROSE. Je puis me retirer?

LOUISE. Oui.

ROSE. Bonsoir, madame.

LOUISE. Ah!... Quelle heure est-il donc?

ROSE. Il va être minuit tout à l'heure...

LOUISE. C'est bien... Ah! n'oubliez pas que monsieur rentrera sans doute très-tard dans la nuit.

ROSE. Non, madame... Pierre veillera pour attendre monsieur. Madame a bien fait, je crois, de ne pas aller à cette soirée... Comme elle se sentait déjà indisposée, la fatigue...

LOUISE. Oui... j'ai préféré...

ROSE. Bonsoir, madame... (*Fausse sortie.*) Madame?...

LOUISE. Quoi?... vous êtes encore là?

ROSE. Vous êtes bien triste ce soir.

LOUISE. Moi... vous vous trompez, Rose... un peu de malaise, voilà tout...

ROSE. Et beaucoup de chagrin, n'est-ce pas?...

LOUISE, *sévèrement.* Que dites-vous donc, Rose?...

ROSE. Pardon... c'est que ça me fait de la peine de vous voir pleurer des heures entières.

LOUISE. Comment?...

ROSE. Oh! je vous ai vue... Depuis que je suis là, vous ne vous êtes même pas aperçue de ma présence.

LOUISE, *à demi-fâchée.* Mais je ne sais ce que vous voulez dire, Rose...

ROSE. Madame m'en veut de lui dire ces

(1) Rose, Louise.

choses-là?... vous êtes si bonne pour moi que votre peine me va aussi au cœur, et quand ça m'étouffe, j'ai besoin de vous en parler...

LOUISE. Je ne vous en veux pas... Rose... allez... allez...

ROSE. Bonsoir, madame...

(Elle sort.)

SCÈNE II.

LOUISE, seule.

Bonne Rose... Elle a raison!... j'ai pleuré sans même sentir mes larmes couler sur mon visage. Quoi! j'ai pu si longtemps fermer mon cœur aux yeux même de celui qui le remplit tout entier; j'ai fait taire ma douleur devant lui... ne pourrais-je donc plus la cacher aux autres?... Il va venir... Est-ce que je fais mal de le recevoir? Depuis six mois qu'il est entré ici, n'est ce pas la première fois que je me trouverai seule avec lui?...n'est-ce pas la dernière fois que je le verrai? Et, Dieu ne me donnera-t-il pas quelques minutes encore d'énergique résolution, pour lui dire un adieu éternel!... J'entends... ce doit être lui..... C'est lui!...

(Maurice paraît à droite.)

SCÈNE III.

LOUISE, MAURICE (1).

LOUISE. Ah!...

MAURICE. Je vous vois pâlir et trembler, madame? vous oubliez donc que je viens vous dire adieu... Craindriez-vous qu'on vînt me surprendre?

LOUISE. Oh! je ne pense pas à cela.

MAURICE. Non, n'est-ce pas? vous ne regrettez pas de m'avoir accordé cet entretien suprême?... vous ne voudriez pas prendre congé du docteur Maurice Landais, comme du premier venu?

LOUISE. J'ai trop d'estime...

MAURICE. Et puis, c'est la dernière fois que j'aurai paru à vos yeux.

LOUISE. N'avais-je pas besoin, avant de vous voir vous éloigner pour toujours...

MAURICE. Pour toujours.

LOUISE. De... vous exprimer... toute ma reconnaissance... Ne m'avez-vous pas rendue à la santé?... ne m'avez-vous pas, par-dessus tout, gardé celle de l'âme en oubliant si noblement... un temps dont il ne nous est plus permis de nous souvenir?

MAURICE. L'oublier!... Ah! si cela avait été possible, je ne partirais pas... si l'image du bonheur entrevu pouvait jamais s'effacer de la mémoire des malheureux, je ne serais pas ici, je n'implorerais pas de votre bouche un mot qui me paie de toutes mes douleurs, une parole, qui me serve de prière auprès de Dieu, et de bénédiction lorsque je serai loin de vous.

LOUISE, très-émue. Monsieur Maurice, vous

(1) Louise, Maurice.

avez loyalement tenu la parole que vous m'avez donnée le premier jour que vous êtes entré dans cette maison, vous avez été généreux jusqu'à la fin... soyez béni... Puisse le ciel vous récompenser selon mes prières, et là, où va vous conduire le sacrifice, vous faire trouver le bonheur que je lui demande pour vous.

MAURICE. Le bonheur!...

LOUISE. Il est partout où Dieu le veut.

MAURICE. Mais Dieu le donne-t-il jamais deux fois?

LOUISE, avec effort. Adieu, monsieur Maurice Landais...

MAURICE, va pour sortir et s'arrête. Songez-vous, madame, que cette heure est ma dernière heure, à moi?... songez-vous que le vaisseau qui, demain, va m'éloigner de vous et de mon pays, ne m'y ramènera jamais?... songez-vous bien que je n'ai plus que cet instant à vous voir?

LOUISE. Nous ne devons plus rien avoir à nous dire. .

MAURICE. C'est vrai... je pars... Ah! vous êtes calme et forte, vous! et du moins, dans mon exil, j'aurai la consolation d'être seul à souffrir désormais.

LOUISE. Seul!...

MAURICE, ironiquement. Sans doute, madame... De quoi pourriez-vous donc vous souvenir?...

LOUISE. Ah! je n'oublierai pas, du moins, que je vous dois deux fois la vie!...

MAURICE. Vous ne devez rien qu'à la science.

LOUISE. Et le rocher... de Sainte-Marie?

MAURICE. Le rocher de Sainte-Marie!... ah! ne prononcez pas ce nom-là... n'évoquons pas le souvenir du passé, si vous voulez que je sois maître de l'avenir.

LOUISE, rêveuse, à elle-même. Sainte-Marie!...

MAURICE, suivant la même pensée. Le soleil, les fleurs, les vieux marronniers... le frémissement des feuilles à votre passage, votre robe blanche dans les sombres allées...

LOUISE, de même. L'espérance!...

MAURICE. La joie pure, le bonheur, la vie belle comme un beau jour de mai!...

LOUISE. Comme un rêve!...

MAURICE. Ah! Louise!... ce rêve, vos serments... que sont-ils devenus?

LOUISE. Dès ce temps-là, le malheur planait au-dessus de nos têtes. Le ciel n'a pas voulu que nous fussions heureux... mais il nous a laissé le soin de prouver que nous étions dignes de l'être...

MAURICE. Le hasard m'a conduit près de vous un jour... il y a six mois... je l'ai béni ce hasard... il fallait vous sauver!... Oui, pendant six mois j'ai vécu en étranger presque sous le même toit que vous, dévorant mes larmes, sans me plaindre... j'ai comprimé les battements de mon cœur pour l'empêcher d'éclater à vos pieds; ce n'est rien que cela... Je vous voyais, du moins, vous me parliez quelquefois, je vivais de l'air que vous aviez respiré... j'étais heureux encore... Eh bien, la récompense de tant de courage et de résignation, c'était de ne plus vous voir... de ne plus vous entendre... de vivre loin de vous à jamais. Ah! madame! qu'est-ce que Dieu me réserve donc en échange de tant de douleurs?...

LOUISE. Il me laisse l'honneur, Maurice.

MAURICE. En vous tuant, jour par jour, heure par heure, car vous souffrez ce que je souffre.

LOUISE. Qu'importe, Maurice, si, lorsque mon père reviendra, bientôt peut-être, il peut embrasser le front de sa fille, sans que ce front rougisse sous ses baisers.

MAURICE. Cependant votre cœur se flétrit comme le mien... il se consume en vains efforts pour s'échapper à lui-même... je le sais, je le vois... Le seul secret de la science n'est pas de deviner les maux que l'on veut bien lui découvrir...Tout le monde vous croit sauvée à l'heure qu'il est; mais moi, croyez-vous que je ne voie pas que le mal qui vous ronge l'âme est là, toujours plus vif et plus ardent? Depuis six mois, madame, je suis ses progrès dans votre abattement et la langueur de vos yeux... On ne tue pas le premier, le seul rêve de sa vie, voyez-vous... c'est lui qui tue... et cette mort-là a une affreuse agonie...

LOUISE. Ah! pourquoi êtes-vous venu quand elle allait finir? Le terme en était si près il y a six mois!... il ne fallait pas me rejeter dans la vie, puisque la vie pour moi ne peut être que la honte ou l'agonie... il fallait me laisser mourir...

(Elle passe à droite.) (1)

MAURICE. Mourir!.. vous!... ah! tant que Dieu me laissera vivre moi-même, je vous disputerai à la mort, fut-ce au prix d'un crime.

LOUISE, elle tombe sur la chaise. Ah! taisez-vous... taisez-vous...

MAURICE. Ecoutez... vous parliez du rocher de Sainte-Marie, tout à l'heure, eh bien, oublions ce qui s'est passé depuis que nous l'avons quitté... vous avez seize ans, vous êtes libre; c'est hier que la Providence m'a conduit sur le Mont-Génisse pour vous sauver de la mort. Nous sommes encore à Sainte-Marie... voilà le parc, voilà nos lauriers roses, nos beaux oiseaux aux mille couleurs... me voici à vos genoux comme j'étais alors...

LOUISE. Non... non...

MAURICE, continuant. Vous m'aimez encore, Louise...

LOUISE, se levant. Je ne suis plus Louise... Levez-vous, vous êtes ici chez M. André Rubner..

MAURICE, se relevant. M. André Rubner... oui... à lui tous les droits, n'est-ce pas?... Est-ce parce qu'il vous a achetée avec son or, que je dois trembler et m'incliner devant son nom?

LOUISE. Non, Maurice; mais parce qu'il a sauvé l'honneur de mon père. Il faut nous séparer, il faut partir.

MAURICE. Partir?... Il n'est plus temps; je ne le veux plus... la mort seule me séparera de vous.

LOUISE. Vous vivrez et vous partirez... c'est au nom de notre amour que je vous demande pitié.

MAURICE. Eh bien oui, je partirai; mais vous me suivrez... nous partirons ensemble.

LOUISE. Jamais...

MAURICE. Nous fuirons dans un lieu où nous pourrons nous aimer tout haut.

LOUISE. Jamais (2)!...

(Elle passe à gauche.)

MAURICE, à genoux. Là, nos jours s'écouleront embrassés...je t'élèverai dans moi un sanctuaire inviolable où je t'adorerai à genoux.

(1) Maurice, Louise.
(2) Louise, Maurice.

LOUISE. Votre voix m'effraie... vous me faites peur, Maurice.

(Elle s'assied.)

MAURICE. Louise!... Ce sera encore plus beau que nos rêves d'autrefois; car notre amour a grandi dans le silence... et le bonheur, cette fois, viendra nous envelopper au sortir des larmes et du désespoir...

LOUISE. Grâce!... grâce!... Maurice!... (On entend des pas dans l'escalier à droite.) Ah! ce bruit... quelqu'un... C'est lui!...

MAURICE. Eh bien?...

LOUISE. A cette heure... seuls ici... je suis perdue...

MAURICE. Non, Louise, non, vous n'êtes pas perdue... dites-moi que nous partirons demain.

LOUISE. Mon Dieu!... il va venir!..... il monte!...

MAURCE. Eh bien, il me tuera!...

LOUISE. Il vient!... Maurice... par pitié... (Lui désignant la porte de sa chambre.) Là... là...

(Elle tombe assise près de la porte.)

MAURICE. Disposez de ma vie... elle est à vous.

(Il entre dans la chambre de Louise, à droite.)

___

SCÈNE IV

ANDRÉ, LOUISE (1).

ANDRÉ, il entre de droite un flambeau allumé à la main. Vous ne reposez pas encore, Louise?

LOUISE. Non; j'avais essayé... le sommeil me fuit... et j'étais là... je lisais... je...

ANDRÉ. Vous ne m'attendiez pas à cette heure?... mais le bal est si peu de mon goût, vous savez?... le monde me fatigue, je suis écrasé, et puis, en vous quittant, je vous avais trouvée plus agitée, plus triste que de coutume; j'étais inquiet, enfin, je ne voulais pas rentrer chez moi avant de savoir de vos nouvelles... et j'allais trouver Rose... ou Pierre...

LOUISE. Je vais mieux... En effet... Pierre...

ANDRÉ, l'embrassant au front. Bonsoir... Louise... à demain...

LOUISE. A demain...

ANDRÉ, à part, en sortant. Comme hier... comme demain, comme toujours!...

(Louise reste seule; ses regards se tournent vers la chambre où est Maurice; elle tombe à genoux épuisée d'émotion.)

___

QUATRIÈME ACTE.
—
Cinquième tableau.

Même décor qu'au troisième tableau.

SCÈNE PREMIÈRE.

ROSE, MAURICE (2).

MAURICE. Il faut que je la voie!

1) André, Louise.
(2) Maurice, Rose.

ROSE, étouffant un petit cri d'effroi à la vue de Maurice. Vous? monsieur Maurice.

MAURICE. Oui. C'est moi. Puis-je parler à madame Rubner?

ROSE. Oh! c'est impossible...

MAURICE, avec une sombre résolution. Il faut pourtant que je la voie!

ROSE. Comme vous dites cela, monsieur Maurice! je ne comprends pas.

MAURICE. Est-ce que tu peux comprendre? Si tu savais... Rose, tu es bonne, tu me sauveras (1). (Il va à la table et écrit un mot à la hâte.) Rose, il faut que tu remettes ce petit mot à madame Rubner... à l'instant même... il y va de la vie...

ROSE. Vous me faites peur... mon Dieu! est-ce que madame!

MAURICE. Oui... madame est redevenue très-souffrante depuis plusieurs jours... et tu sais... je suis médecin... tu comprends... je tremble... c'est que j'ai la fièvre, vois-tu?

ROSE. Une ordonnance... une recommandation, n'est-ce pas? Est-ce que madame va bien mal?

MAURICE. Une recommandation : oui, c'est cela. — Non, elle ne va pas plus mal... regarde-moi bien, Rose, tu aimes quelqu'un au monde, n'est-ce pas, mon enfant?

ROSE. Dam! je n'ai que Pierre... que j'aime plus que tout.

MAURICE. Eh bien, sur celui que tu aimes, ne dis à personne que tu m'as vu ici à cette heure, remets ce papier à madame Rubner... à elle seule... que personne ne le sache, veux-tu?

ROSE. Oui, monsieur Maurice.... mais....

MAURICE. Ah! je ne peux pas te dire... jure-moi... jure-moi... tu nous tuerais, vois-tu bien...

ROSE. Oui... oui, soyez tranquille... je le jure

MAURICE, l'embrassant avec exaltation. Ah! merci! cela te portera bonheur, va!

(Il sort à gauche.)

(Pierre a paru et s'est aperçu de ce qui s'est passé sans reconnaître Maurice.)

___

SCÈNE II.

ROSE seule, puis PIERRE (2).

ROSE. Il m'a toute bouleversée. — Je ne peux pas voir un homme pleurer, moi d'abord! (Elle regarde la lettre.) Je ne sais pas ce qu'il y a de bien ou de mal dans tout ça... mais 'crois que quand les gens ont l'air si malheureux, ça n'est pas des méchants. J'vais faire ce qu'il m'a dit.

(Elle va pour entrer à droite. Pierre lui saisit la lettre des mains.)

PIERRE. J'en ai la preuve!

ROSE, hors d'elle-même. Veux-tu me rendre?...

PIERRE. Jamais! — Je veux te confondre devant tout le monde! ingrate! perfide! cruelle!

ROSE. Tu ne sais pas ce que tu dis; tu n'es qu'un jaloux.

PIERRE. Et j'ai tort, n'est-ce pas?... quand je viens de te surprendre recevant un billet de...

ROSE. Tu es fou! Si tu savais... rends-le-moi... il faut que tu me le rendes... tu ne sais pas ce qu'il y a, toi...

PIERRE. Ce qu'il y a?

(1) Rose, Maurice.
(2) Pierre, Rose.

ROSE. Oui.

PIERRE. Qu'est-ce qu'il y a?

ROSE. Je ne sais pas... mais je te répète que tu te trompes... et que tu feras peut-être arriver un malheur ici...

PIERRE. Ah! si je l'attrappe, votre amoureux... j'n'ai n'ai vu que son dos... mais...

ROSE. Pierre... mon petit Pierre... écoute-moi... je te jure que je ne suis pas fautive... aie confiance... et...

PIERRE. Non que je vous dis... nous verrons bien... Et dire que je ne sais pas lire, mais on me dira bien ce qu'il y a là... ah! si je savais lire... c'est maintenant que je regrette de ne pas avoir reçu une brillante éducation! (André Rubner paraît. Il sort du fond vers la droite.)

___

SCÈNE III.

LES MÊMES, ANDRÉ (1).

PIERRE. Ah!... mais voilà M. Rubner... il m'apprendra, lui... Monsieur Rubner?

ANDRÉ. Que me voulez-vous, Pierre?

ROSE. Rien, monsieur... c'est Pierre qui se conduit comme un méchant, comme un injuste!

PIERRE. Un méchant, un injuste! ah! ah! ah! C'est à me faire rire... savez-vous ce qu'elle m'a fait, monsieur Rubner... savez-vous?

ANDRÉ. Calme-toi... mon ami... une petite querelle de ménage... ça ne sera rien, va...

PIERRE. Ah! mais c'est que ça ne s'avale pas aussi facilement qu'un verre de vin!

(Ici Gilbert paraît de gauche.)

___

SCÈNE IV.

LES MÊMES, GILBERT (2).

ANDRÉ, apercevant Gilbert. Ah! c'est toi, Gilbert. — Viens donc... viens donc mettre la paix entre eux. — Il paraît que c'est sérieux cette fois!...

GILBERT. Ah! j'y suis habitué... tout à l'heure il n'y paraîtra plus. — N'est-ce pas, madame Pierre?

ROSE. Ce n'est pas moi... c'est lui... qui...

PIERRE. L'effrontée!... Je n'y tiens plus... j'éclate. — Lisez-moi ça, monsieur Gilbert, s'il vous plaît...

ROSE. Ah! ce n'est pas bien, Pierre... Je ne vous aimerai plus, allez.

PIERRE. Et vous n'aurez pas grand mal. (A André.) Savez-vous ce que c'est que ce papier-là qui me dessèche la main à cette heure, tant qu'il me brûle, eh bien, c'est un billet d'amour! que j'ai surpris... qu'on venait de lui donner... (Courant au fond.) Je n'ai vu que ton dos, à toi, va... mais un jour... et... suffit!...

ANDRÉ sévèrement. Allons, vous vous trompez, Pierre... finissons cette scène ridicule, demandez-moi un peu? sur quelle preuve?

PIERRE. montrant le papier et le mettant dans la main de Gilbert. Mais puisque la vl'à monsieur, la preuve, ah, on peut voir... monsieur Gilbert?...

(1) Pierre, Rose, André.
(2) Pierre, Gilbert, Rose, André.

ROSE, *s'élançant pour prendre le papier*. Non.

PIERRE. Quand on n'est pas coupable, on ne craint rien... voilà tout ce que je connais, moi.

ANDRÉ. Eh! Pierre a raison.

ROSE. Non monsieur Rubner... Pierre à tort... je ne peux pas vous dire... mais, je n'ai rien à me reprocher... et je suis si malheureuse de ce qui arrive que...

ANDRÉ. Lisez donc Gilbert... je tiens à convaincre Pierre qu'il est dans l'erreur et que sa femme est une honnête petite femme.

ROSE. Oui, monsieur, allez... mais je ne veux pas!...

GILBERT. Voyons, faut-il? faut-il pas?

PIERRE. Lisez!

ROSE, *voulant arracher le papier*. Non!

GILBERT. Voyons Rose, regarde moi bien, regardez-la donc aussi monsieur André. Est-il possible de soupçonner de trahison un petit visage aussi franc que celui-là. Je peux lire... Monsieur Pierre vous n'êtes qu'un jaloux et je vais vous le prouver. (*il déploie le papier et vapour lire*).

ROSE, *cri d'effroi*, Ah!

PIERRE, *content*. Ah! Ah!

GILBERT, *après avoir lu pâlit et se soutenant à peine*. Ah!

ANDRÉ. Qu'avez-vous donc, Gilbert.

GILBERT, *maîtrisant son émotion*. Hein? moi?... (*s'efforçant de rire*), ah! ah! oh! qu'est-ce que je disais... allons à genoux... monsieur Pierre... et demandez pardon à votre femme... ce billet, c'est...

JEAN. C'est.

GILBERT. C'est à moi qu'il est adressé, nigaud!

ROSE, *à part*. Ah! le brave homme! C'est un bon cœur!

PIERRE. Eh bien alors... pourquoi qu'elle ne disait pas tout de suite.

ROSE. Je ne le voulais pas, là.

GILBERT, *tout ahuri et répétant machinalement*. Elle ne le voulait pas, là!

PIERRE. C'est que...

ROSE. C'est que... il faut croire sa femme sur parole quand on l'aime...

GILBERT. Elle a raison...

ANDRÉ, *qui était devenu pensif*. Ah! c'était pour vous, Gilbert (1)?...

GILBERT. Oui... oui... c'est une chose... que...

ANDRÉ. Bien... bien... chacun ses affaires, (*à Pierre*). Eh bien, es-tu content?... tu ne doute plus j'espère.

PIERRE. Non... non...

ANDRÉ. Eh bien, embrasse là donc?

ROSE. Jamais (2)...

PIERRE. Vous voyez, elle refuse... encore, (*à Rose*), veux tu nous raccomoder?

ROSE. Non laisse moi tranquille, (*elle sort à gauche*.)

PIERRE, *la suivant*. C'est égal, j'vas apprendre à lire!

SCÈNE V.

GILBERT, ANDRÉ (3).

Quand Rose et Pierre sont sortis, il se fait un grand

(1) Pierre, Gilbert, André, Rose.
(2) Gilbert, André, Louise, Pierre.
(3) Gilbert, André.

---

silence qui indique la gêne qui s'est tacitement établie entre Gilbert et André. Après quelques instants d'hésitation, Gilbert se dispose à se retirer.

ANDRÉ. Vous sortez Gilbert?

GILBERT. Oui... j'allais...

ANDRÉ. Est-ce qu'il est tard déjà?

GILBERT, *regardant à la pendule*. Non... il est à peine cinq heures...

ANDRÉ. Vous avez à faire?

GILBERT. Oui, non... ah! si... je...

ANDRÉ. Maintenant? tout de suite?

GILBERT. Non... pas précisément... mais...

ANDRÉ. Est-ce que vous ne dînez pas avec nous ce soir?

GILBERT. Mais si... mais si... monsieur Rubner... comme d'habitude.

ANDRÉ. Quelle affaire vous presse? vous sortirez plus tard...

GILBERT. Ah! mon Dieu! comme vous l'entendrez.

ANDRÉ. Qu'avez vous donc Gilbert? vous êtes tout bouleversé depuis cette maudite lettre de tout-à-l'heure.

GILBERT. Ah! ce n'est pas une lettre... c'est... un petit mot...

ANDRÉ. Soit... auriez-vous appris une mauvaise nouvelle?

GILBERT. Non, non... ce n'est rien du tout... vous êtes bien bon de....

ANDRÉ, *tendant la main à Gilbert*. Il est bien naturel que je m'intéresse à tout ce qui vous touche... mon bon Gilbert.

GILBERT, *lui serrant la main*. Ah! c'est curieux! vous venez parler de dîner... là... croiriez vous que depuis deux minutes... ce que c'est que l'idée pourtant... moi qui n'ai guère d'appétit d'ordinaire j'ai comme une envie de...

ANDRÉ. Oui... c'est l'idée... comme vous dites, c'est selon comment est disposé... moralement surtout: ainsi tout-à-l'heure quand vous avez ouvert... ce... papier... et que vous avez pâli tout à-coup..

GILBERT. J'ai pâli?... ah! vous croyez que j'ai pâli?... c'est drôle, comment j'ai... si je sais pourquoi par exemple...

ANDRÉ. C'est encore une Idée... oui... oui, vous avez failli tomber à la renverse.

GILBERT. Ah! j'ai failli tomber à... ah! c'est curieux!... c'est... ma foi... monsieur Rubner... je reviens à ce que je vous disais... je dînerais avec plaisir, moi... je...

ANDRÉ, *changeant de ton*. Gilbert, donnez-moi cette lettre!

GILBERT, *étourdi*. Quelle lettre?

ANDRÉ. Oui... ce papier qui est là.
                 (Il montre sa poitrine.)

GILBERT. Que... j'ai... reçu... tout-à-l'heure.

ANDRÉ. Oui...

GILBERT. Vsus voulez...

ANDRÉ, Il le faut.

GILBERT. Monsieur André... ne me regardez pas ainsi... je... ne comprends pas...

ANDRÉ. Vous comprenez... Vous vous dites qu'en me donnant ce billet que vous serrez maintenant sur votre poitrine, vous allez me froisser le cœur peut-être, et vous hésitez, mais je vous le répète... je le veux!

GILBERT. Je ne sais plus du tout...

ANDRÉ. Pauvre ami!... vous savez bien que lorsqu'on aime sa femme, on est jaloux; que lorsqu'on est jaloux, on devine tout... on sait tout... on voit tout! donnez donc!

GILBERT. Je vous assure... Enfin!... monsieur Rubner, ce que que vous faites là... comprenez-vous bien... vous dirai-je que c'est à moi que l'on a écrit et que sur un soupçon... sur une idée qui s'empare de vous... je ne dois pas (1).

ANDRÉ. Un soupçon... Oh!... regarde-moi bien... et tu verras sur mon visage une conviction écrite... une certitude arrêtée. Il me faut cette lettre...

GILBERT. Monsieur, vous savez si je vous ai été dévoué depuis le jour où je vous ai connu. Eh bien, sur l'amitié et le dévouement que je vous ai prouvés, je vous jure que vous n'aurez pas ce papier.

ANDRÉ. Vous avez tort, Gilbert.

GILBERT. Non... parce que... enfin... c'est mon secret.

ANDRÉ. Enfin, je le veux!

GILBERT. Non, vous me l'arracherez de force plutôt!

ANDRÉ. Soit.

GILBERT. Ah! ce ne serait pas bien.

ANDRÉ. Gilbert... je vous en prie ..

GILBERT. Ecoutez-moi.

ANDRÉ. Voulez-vous?

GILBERT. Non, jamais!

ANDRÉ. Eh bien! je l'aurai!
(Il se jette sur Gilbert et lui arrache le papier de force.) (2)

GILBERT, *après s'être débattu un instant*. Je suis moins fort que vous, voilà tout... mais... c'est mal (*André va pour lire*.) Et si vous m'en croyez... pour me prouver que vous avez pour moi encore un peu d'estime et de respect... oui, de respect... parce que je suis vieux, et que vous êtes jeune... Eh bien! vous brûlerez cette lettre... vous me laisserez mes secrets... et vous ne vous en repentirez pas... vous ne vous en repentirez pas.

ANDRÉ, *hésitant encore à déplier la lettre*. Oui... j'ai eu tort... je n'aurais pas dû... mais puisque je vous dis que je vois ce qu'il y a d'écrit là...

GILBERT. Non!... vous ne savez rien!...

ANDRÉ. Gilbert! que le ciel me punisse si je fais mal, que je perde votre amitié, que je meure; mais il faut que je le sache... Ce papier me brûle... Je veux savoir... je saurai... (*Il ouvre frénétiquement le papier, lit les premiers mots et dit*): Ah! (*Il tombe assis de stupeur*.) Je doutais encore! Pauvre ami... vous ne trouvez plus rien à me dire, maintenant! Vous m'avez retenu le plus longtemps possible au bord du précipice, vous avez été généreux et compatissant. C'est moi qui l'ai voulu; le gouffre m'attirait... la tête m'a tourné... j'ai roulé... je suis arrivé au fond de l'abîme, et rien ne peut plus m'en retirer... C'est fini... tout est là.
                 (Il lit la lettre.)

« Ma Louise adorée,

« Nous devons changer l'heure du départ. « Je vous dirai pourquoi. Ce sera pour six « heures ce soir. Il faut qu'à huit nous soyions « à l'auberge de la Croix-d'Or, où nous pren- « drons des chevaux. N'oubliez pas qu'une « voiture vous attendra à six heures à la pe- « tite porte du jardin. Soyez forte au dernier « moment. Toute ma vie, toutes mes joies « sont en vous. » Pas de signature... lâcheté! On signe, au moins! (*Il semble reconnaître l'écriture*.) Ah! (*Il s'élance vers une table et*

(1) André, Gilbert.
(2) Gilbert, André.

interroge plusieurs papiers qui s'y trouvent. Il en saisit un.) Ordonnance du docteur Maurice. *(Il la compare avec celle de la lettre.)* C'était lui!... c'était lui! Gilbert! je le connais!... malheur sur tous les deux!

GILBERT. Prenez garde!

ANDRÉ. A quoi donc?

GILBERT. M. Maurel en mourrait.

ANDRÉ. Son père!... Ah! c'est horrible!

GILBERT Il aime tant sa fille!...

ANDRÉ. Oui... oui...

GILBERT. Et ne m'avez-vous pas dit souvent que vous donneriez votre vie pour épargner à M. Maurel une heure de chagrin, une larme de honte?

ANDRÉ. Oui, j'ai dit cela, et j'ai dit vrai; mais alors, Gilbert, pour qui donc le châtiment? .. *(Silence de Gilbert.)* Le châtiment, ce sera pour lui, pour l'infâme... oui, pour lui! Ecoutez, Gilbert. : je ne sais ce que j'éprouve. Vous avez vu, comme moi, la mer en furie; vous avez entendu le grondement de la tempête; vous avez vu passer la mort au milieu de l'Océan déchaîné; eh bien! touchez ma poitrine, comptez-en les battements, pressez mes artères pour y sentir bouillonner mon sang! Mon sang? voilà la tempête, voilà la foudre... voilà la mort (1)!

GILBERT. Ecoutez...

ANDRÉ. Non. Il m'a tout pris! Vous savez si j'étais bon; vous savez si, depuis que je vous connais, j'ai jamais eu une mauvaise pensée pour personne. Eh bien, à cette heure, je sens s'éveiller en moi tous les instincts de colère et de vengeance! Ils débordent, je ne suis plus l'homme d'autrefois... Plus de bonté... plus de compassion! Je hais!... je hais!... je hais (2)!

GILBERT. André... mon fils...

ANDRÉ. Oui, votre fils. Sauvez-moi du chaos qui m'environne. Je ne sais plus de quel côté jeter les yeux. Quelle route suivre? Ma tête s'en va, je suis perdu! Ah! Gilbert, pourquoi ai-je été jeté sur la terre, puisque j'y suis voué au malheur?

(Il tombe en pleurant de désespoir.)

GILBERT. Vous ne m'écoutez plus, André.

ANDRÉ. Et que pourriez-vous me dire? quoi? voyons, j'écoute... Rien... vous voyez bien que vous ne trouvez rien.

GILBERT. Si... je... je...

ANDRÉ. Mais non... pardieu! c'est à moi de sortir de là.... mais comment? Cherche, cherche malheureux. Tu as voulu savoir, tu sais; tu as voulu voir, tu vois. Tâche d'oublier, maintenant... ferme les yeux, si tu peux... imbécile!... imbécile!!!

GILBERT. Revenez à vous.

ANDRÉ. Que je revienne à moi?... Ah! c'est superbe ce que vous me dites-là! Oh! cet homme! cet homme (3)!

GILBERT. Au nom du ciel, calmez-vous!

ANDRÉ. Pardieu! vous n'allez pas me conseiller une lâcheté, Gilbert?

GILBERT. Une lâcheté? Ah! croyez-vous donc que votre honneur ne m'est pas aussi cher qu'à vous-même! si, monsieur André, si! Et de même que je vous ai crié tout à l'heure, du fond de mon âme : Ne la tuez pas, elle, parce qu'à sa vie est attachée celle d'un homme qui est au-dessus de nous, d'un homme pour qui je vous ai entendu professer si souvent le culte, l'admiration la plus sainte; de même, je vous dirai maintenant : Pas de pitié pour celui qui vous a outragé si indignement. Allez à lui, voilà mon bras pour vous y conduire.

(1) André, Gilbert.
(2) Gilbert, André.
(3) André, Gilbert.

ANDRÉ. Oui, j'irai à lui; mais, pas de duel, entendez-vous, Gilbert, pas de stupide provocation; non, qu'il meure comme un chien! C'est à six heures qu'elle doit le rejoindre, n'est-ce pas? Eh bien! il ne la verra pas : c'est moi qu'il trouvera à sa place... Et quand M. Maurel sera de retour, ici, ce soir, demain, sa fille sera là, son honneur sera sauvé... je serai vengé... *(Avec un profond désespoir.)* Eh bien, après? quand j'aurai tué cet homme, je serai donc bien heureux, moi?

GILBERT. André.

ANDRÉ, *poursuivant sa pensée.* Et elle?... elle!... Louise?... Après tout, est-ce à moi de me plaindre? Avais-je le droit de l'enchaîner à mon martyre? Est-ce qu'elle m'a jamais dit qu'elle m'aimait? Qui donc m'éclairera? Gilbert, parlez moi donc? Vous voyez bien que je vais devenir fou. Il faudra bien que je lui réponde à son père quand il va venir me demander compte...

GILBERT. André...

ANDRÉ, *avec une résolution subite.* Son père! je sais ce qu'il me reste à faire. Ils partiront tous les deux.

GILBERT. Et vous?

ANDRÉ Moi... je vais mourir.

GILBERT. André...

ANDRÉ. Dieu me parle! Le vieillard m'a confié le bonheur de sa fille. En brisant l'existence de Louise, je brise l'existence du vieillard... ils partiront... Cette lettre annonce à Louise que l'heure du départ est changée : elle lira cette lettre tout à l'heure, ici.

GILBERT. Que dites-vous?

ANDRÉ. Il faut bien qu'elle la connaisse pour aller le rejoindre, lui. Oh! ne cherchez pas à changer ma résolution, elle est irrévocable.

GILBERT. Oh! non... non.

ANDRÉ. Eh bien, quoi? vivre avec son indifférence ou sa haine, quand je n'y serai plus, quand elle sera heureuse, elle me plaindra peut-être, peut-être accordera-t-elle au mort un peu de cette pitié que le vivant était las de mendier!

GILBERT. Mais...

ANDRÉ. Une tombe au lieu de trois... cela ne vaut-il pas mieux, Gilbert? Et je suis si peu de chose au monde.

GILBERT. Mais M. Maurel.

ANDRÉ. Il ignorera tout... Louise aura bien le courage de pleurer son mari quelques jours... pour ne pas le tuer... lui... son père! *(Apercevant Louise qui entre.)* Gilbert, c'est elle!

SCÈNE VI.

ANDRÉ, GILBERT, LOUISE (1).

(Louise, absorbée dans une pensée va s'asseoir lentement à droite.)

LOUISE. Encore dans cette maison, moi!

GILBERT, *allant à elle.* Comment vous trouvez-vous, Louise?

LOUISE, *après un mouvement de surprise.* Souffrante... mon ami.

ANDRÉ. Moi qui espérais tant vous voir tout-à-fait rétablie pour le retour de votre père.

LOUISE. Mon père?

ANDRÉ. Je vous ai dit, n'est-ce pas, que j'avais reçu une lettre de lui, dans laquelle il me dit qu'il sera ici cette nuit, ou demain au plus tard?

LOUISE Oui, oui, il revient.

ANDRÉ. Il sera bien heureux de vous em-

(1) André, Gilbert, Louise.

brasser; il y a si longtemps qu'il n'a eu ce bonheur!

LOUISE, *à part.* Oh! mon Dieu, pitié!

(Rose paraît.)

GILBERT, *à André à part.* Prenez garde, vous me faites peur!

ANDRÉ. Sois donc tranquille, j'irai jusqu'au bout. *(Apercevant Rose et sans que Louise entende.)* Rose?... *(Montrant le billet de Maurice.)* Ce billet, que vous deviez remettre tantôt à madame, donnez-le lui (1).

ROSE. Comment?

ANDRÉ, *lui donnant le papier.* Je le veux.

ROSE, *effrayée de la physionomie d'André.* Oui, monsieur, oui.

LOUISE. C'est vous, Rose?

ROSE. Oui, madame. *(Elle se retourne et son regard rencontre celui d'André.)* J'avais oublié... c'est une lettre... voilà...

LOUISE. Donnez...

ANDRÉ, *au fond, à Gilbert.* Gilbert... vous avez écrit à New-York, n'est-ce pas, pour cette réponse que l'on attendait.

LOUISE, *après avoir lu.* Ah!

GILBERT, *qui a tout suivi de l'œil accourt auprès de Louise.* Eh bien! madame, qu'avez-vous (2)?

LOUISE. Je ne sais... un éblouissement... je n'y vois plus. Je me sens mal...

ROSE. Mais madame perd connaissance... il faut...

GILBERT, *s'est empressé près de Louise.* On a préparé un verre d'eau. Rose... donne-moi le petit flacon qui est là...

ROSE. Celui-là?

GILBERT. Oui... tu sais bien que c'est ce que le médecin a ordonné pour ses crises.

ROSE, *à Gilbert qui verse quelques gouttes de la liqueur du flacon dans le verre d'eau.* Prenez garde, monsieur Gilbert. Deux gouttes seulement.

GILBERT. Oh! sois donc tranquille!

(Louise boit et revient peu à peu à elle.)

LOUISE. Où suis-je donc?—Ah! j'ai mal dans la tête!

GILBERT. Vous êtes avec vos amis, regardez. C'est un petit malaise, mais vous voilà bien maintenant.

ROSE. Et dire que c'est grâce à cette vilaine liqueur renfermée dans ce flacon. Ah! comme je tremblais, monsieur Gilbert, en vous la voyant verser!

LOUISE. Pourquoi, Rose? *(Regardant le flacon.)* Ah! oui!

GILBERT. Encore ces malheureuses crises qui se renouvellent. Vous devez bien souffrir.

(Rose sort à gauche.)

LOUISE. Cruellement.

ANDRÉ. Si vous rentriez dans votre chambre... un instant... après de telles secousses (3).

LOUISE. Oui vous devez avoir raison *(elle se trouve encore en face du flacon, elle le saisit avidement et dit : Ce flacon! est-ce un avertissement? qui sait ?... Si je n'avais pas le courage de vivre.*

(Six heures sonnent à la pendule. Au 1er coup, Louise cache vivement le flacon dans sa poitrine.)

ANDRÉ, *avec un calme courageux.* Cette pendule avance toujours... il n'est que six heures moins un quart... Rentrez, Louise... *(au moment où Louise va disparaître).* Vous ne m'embrassez pas, Louise?

LOUISE. Si, je n'osais pas...

(1) Gilbert, André, Rose, Louise,
(2) André, Rose, Louise, Gilbert.
(3) Gilbert · André, Louise.

ANDRÉ. Pourquoi ?

(Il va pour l'embrasser, hésite et s'arrête.)
Rentrez ! rentrez donc !

SCÈNE VII.
GILBERT, ANDRÉ (1).

ANDRÉ. Gilbert, votre bras, soutenez-moi, je vais tomber?

GILBERT. Qu'avez-vous fait, André ?

ANDRÉ. Elle va partir.

GILBERT. Voyons, voyons...

ANDRÉ. Elle va le rejoindre.

GILBERT. Il est encore temps de...

ANDRÉ. Non, non. ne me quittez pas (*montrant sa montre à Gilbert.*) Quelle heure est-il donc à ma montre ?... tenez... je n'y vois pas...

GILBERT. Six heures moins cinq minutes.

ANDRÉ. Ah! déjà ?... comme le temps passe! comme c'est long ! vous n'entendez rien dans sa chambre n'est-ce pas?

GILBERT. Rien.

ANDRÉ, *s'élance dans la chambre de droite, et revient.* Elle n'y est plus ! elle est donc partie ?

GILBERT. Je vous l'avais bien dit que vous n'auriez pas la force...

ANDRÉ. Moi ? j'ai fait mon devoir (*il écoute* Dites donc ?... mais une voiture devait l'attendre en bas... je l'ai lu... je l'ai lu... nous aurions dû entendre le bruit... Est-ce que je me serais trompé... elle n'est peut-être partie... voyons donc ! (*il va pour s'élancer une seconde fois dans la chambre; on entend très-distinctement le roulement d'une voiture. André pousse un cri.*) Ah ! non, non, c'est fini... arrêtez, arrêtez !... Je ne veux pas (2).

GILBERT. André ! André !

ANDRÉ. Je ne peux pas ! je l'aime ! laissez-moi ! arrêtez ! arrêtez !

GILBERT. Malheureux ! il est trop tard !

ANDRÉ. Pourquoi l'avez-vous laissée partir ?

GILBERT. Moi ?... André ?...

ANDRÉ. Ah ! je les tuerai !

GILBERT. Votre résolution... vos serments !

ANDRÉ. Mes résolutions ? mes serments... allez les ramasser sous les roues de cette voiture qui les emporte.

(Il saute sur des pistolets qui sont dans un secrétaire.)

GILBERT. Qu'allez-vous faire, mon Dieu ?

ANDRÉ, *à demi-fou.* Est-ce que je sais, moi (3) ?

(Il se sauve en délire à droite.)
Le rideau baisse.

ACTE V.
—
Sixième Tableau.
L'AUBERGE DE LA CROIX-D'OR.

Porte au fond, portes latérales. — Escalier de bois à gauche conduisant à une chambre. — Un paravent au fond à droite.

SCÈNE PREMIÈRE.
L'AUBERGISTE, puis MAURICE et LOUISE (4).

L'AUBERGISTE, *précédant Maurice et Louise.* Si monsieur et madame veulent entrer...

(1) Gilbert, André.
(2) André, Gilbert.
(3) Gilbert, André.
(4) Louise, Maurice, l'aubergiste.

MAURICE. Vous avez une chambre toute prête pour madame ?...

L'AUBERGISTE. Oui, monsieur, (*montrant la porte à droite*) ici... quant à monsieur...

MAURICE. Oh ! ne vous inquiétez pas de moi, comme nous ne devons rester chez vous que quelques heures, je les passerai dans cette pièce commune si toutefois cela est possible.

L'AUBERGISTE. Mais oui, monsieur, mais oui. Du reste, monsieur sera comme chez lui... A cette heure nous n'attendons généralement plus personne... madame veut-elle que je lui montre la chambre ?... (1).

LOUISE. C'est inutile : vous dites que c'est là ?

L'AUBERGISTE Oui, madame...

(Il entre à droite porter une lumière et revient.)

MAURICE. N'avez-vous pas de relai de poste qui soit voisin de votre auberge ?...

L'AUBERGISTE. Si monsieur : monsieur désire que j'aille commander des chevaux ?..

MAURICE. Non, je préfère y aller moi-même, indiquez-moi seulement...

L'AUBERGISTE, *montrant une porte à gauche.* En prenant par cette porte qui conduit à travers champs, monsieur s'abrègera la route au moins d'un tiers.

MAURICE, *allant à la porte.* Ainsi vous dites?...

L'AUBERGISTE. Arrivé au bout du chemin qui nous fait face, vous tournerez à gauche et vous verrez facilement la maison...

MAURICE. Rien.

L'AUBERGISTE. Monsieur ne désire plus rien?.

MAURICE. Non... vous pouvez vous retirer.
(*L'aubergiste sort.*)

SCÈNE II.
LOUISE, MAURICE (2).

MAURICE. A quoi pensez-vous?...

LOUISE, *éclatant en sanglots.* Ah! mon ami!.

MAURICE. Ne pleurez pas, Louise, j'ai besoin de force et de courage aussi.

LOUISE. Ah!... pourvu que nous arrivions !...

MAURICE. Rassurez-vous. Deux heures ici tout au plus, et demain, avant le soir, hors de France.

LOUISE. Et seule avec vous... bien seuls alors, bien loin du monde, de tout ce qui pourrait nous rappeler...

MAURICE. Oui, oui... plus de passé, un présent souriant et heureux, un avenir d'espoir et d'oubli...

LOUISE. Comme il m'a fallu vous aimer !... vous ne me méprisez point, vous ?...

MAURICE. Vous?... Ange du ciel!... quand un homme rencontre une femme comme vous, Louise, il s'agenouille, il la prie, il en fait son idole, son Dieu !...

LOUISE. Ah! vous avez raison de me dire ces choses-là, j'en ai bien besoin, allez!... Je suis si faible que si je ne vous avais pas là, près de moi, je tomberais, Maurice, je tomberais comme une de ces feuilles que nous voyions s'envoler des arbres sur la grande route... L'oubli !... Ah! si je pouvais oublier !...

MAURICE. Oh! fermez les yeux... fermez les yeux... Laissez-vous conduire... marchez et croyez...

LOUISE, *comme à elle-même.* Mon père de-

(1) Maurice, Louise, l'aubergiste.
(2) Maurice, Louise.

vait revenir; il l'avait écrit, je le voyais déjà.. il était devant moi... Je l'appelais à mon secours; mais... mais je vous aimais depuis si longtemps, Maurice!... Est-ce que j'ai été bien criminelle, dites, d'oublier que je n'avais plus le droit?...

MAURICE. Calmez-vous, par pitié !

LOUISE. Maurice, j'ai peur du remords, ne m'abandonnez jamais... ne me laissez jamais seule...

MAURICE. Je serai toujours près de vous, Louise.

LOUISE. Oui, n'est-ce pas... parce que... je me dis qu'il y a là des êtres plus grands, plus forts que moi, qui auraient préféré mourir, plutôt que...

MAURICE, *avec reproche.* Mourir !...

LOUISE. Non... non... pardonnez-moi... c'est une vie nouvelle qui commence, voyez-vous : je serai plus forte bientôt...

MAURICE. Louise, vous savez... il faut que je m'éloigne un instant...

LOUISE. Déjà !...

MAURICE. Avant une demi-heure je suis de retour et nous quittons cette maison.

LOUISE. Allez vite... j'attends.

(Elle se dispose à entrer à droite.)

MAURICE. A tout à l'heure.

LOUISE. Maurice?... J'ai peur... ne tardez pas, Maurice !... A tout à l'heure !...

(Elle entre à droite, Maurice sort à gauche.)

SCÈNE III.
L'AUBERGISTE, JACQUES MAUREL (1).

MAUREL. J'arrive bien tard : vous n'avez peut-être plus de chambre disponible?

L'AUBERGISTE, *tout endormi, une lumière à la main.* Faites excuse, monsieur, il nous reste...

MAUREL, *montrant la chambre où est Louise.* Celle-ci, peut être ?...

L'AUBERGISTE. Non, Monsieur, non... elle est occupée par une jeune dame....

MAUREL. Laquelle alors?

L'AUBERGISTE, *montrant la porte qui est en haut du petit escalier.* Ici, monsieur... Si vous voulez, je vais vous indiquer...

MAUREL. C'est inutile. Je vous ai réveillé en sursaut; je le regrette; allez vous remettre au lit; je m'installerai bien moi-même. Vous dites que c'est cette porte en haut de l'escalier ?

L'AUBERGISTE. Oui, monsieur ; bonsoir, monsieur.

(Il sort.)

SCÈNE IV.
MAUREL, *seul, assis.*

Huit lieues encore à faire. A mon âge, c'est long et fatigant. Ces quelques heures de repos me feront du bien. Je serai mieux dispos quand viendra le jour, et demain j'embrasserai ma Louise avec plus de bonheur ! (*Il monte à la chambre.*) Elle doit m'attendre là-bas...

(Il sort par la porte du petit escalier de gauche.)

(1) L'aubergiste, Maurel.

SCÈNE V.

LOUISE *seule, puis* MAUREL.

LOUISE. J'ai rêvé... C'est étrange!... J'ai cru entendre... Je me serai trompée... Si c'était lui!... oh!... j'en mourrais!... J'ai peur ici... Que cette nuit est longue... et qu'il est lent à revenir!... Dieu!... (*Elle regarde la porte par laquelle Maurel est entré*), un jet de lumière à travers les fentes de cette porte... Si je pouvais m'assurer... (*Elle fait quelques pas, puis recule.*) La porte s'entr'ouvre... (*Elle aperçoit le visage de Maurel.*) Ah!... c'est une vision !...

(*Elle se cache derrière le grand paravent.*)

MAUREL, *paraissant à la porte de sa chambre.* Il vient un vent par cette porte!... Du moins mon manteau me garantira...

(*Il descend quelques marches de l'escalier et prend son manteau qu'il avait posé sur une chaise au bas de l'escalier. — Il rentre.*)

LOUISE *se montrant.* C'était lui!... il est là... mon père... un de mes juges!... Il vient de m'apparaître pour me dire : Tu ne peux plus vivre... tu n'es plus mon enfant !... Oui!... je vais mourir, mon père! (*Elle tire le flacon qu'elle avait caché sur sa poitrine au tableau précédent.*) C'était écrit depuis hier!... Je le sentais bien... Maurice, que j'en mourrais! (*On entend une rumeur sourde dans le fond. Deux voix d'hommes.*) C'est lui!... c'est Maurice!... oh!... que j'aie la force d'en finir avant de le revoir... je ne pourrais plus... et il le faut!... Adieu!... mon père!... que ne puis-je baiser vos cheveux blancs avant de vous quitter pour jamais!... Adieu, Maurice!... Adieu aussi... pauvre âme condamnée... toi à qui j'aurais voulu consacrer ma vie! Adieu tous !!!... je vais mourir...

(*Elle va pour porter le flacon à ses lèvres. André Rubner, qui a paru très-pâle et en désordre sur les derniers mots prononcés, le lui arrache des mains. Louise étouffe un cri de terreur.*)

SCÈNE VI.

LOUISE, ANDRÉ (1).

ANDRÉ. Pour oser mourir, avez-vous le droit de vous juger?

LOUISE. Pitié !...

ANDRÉ, *chez lequel il se produit une grande prostration.* Ah! vous pouvez me regarder !— Vous ne verrez sur mon visage aucune trace de haine ni de colère...

LOUISE. Grâce !...

ANDRÉ. Grâce!... pourquoi donc?... qu'avez-vous fait?... Je ne suis rien moi. — Savez-vous pourquoi j'étais accouru?... savez-vous pourquoi?... pour vous tuer !...

LOUISE. J'allais mourir, André.!

ANDRÉ, *poursuivant son idée.* Pour vous tuer... Eh bien... je ne peux pas... non... vous êtes là... je vous vois... je... je ne sais plus... je n'ose plus!... Est-ce que je suis vivant, Louise?...

(*Il tombe assis anéanti.*)

LOUISE. Punissez-moi !...

ANDRÉ. Oui, c'est bien vous... telle que je

(1) André, Louise.

vous vis pour la première fois... Au jour du sacrifice?... Vous êtes toujours la même, allez... Pour moi que peut-il y avoir de changé en vous?

LOUISE. Oh! ne me torturez pas !...

ANDRÉ. Tenez... voilà que la raison commence à me revenir... Voilà que je pense... que je me souviens !... Louise... et votre père?...

LOUISE, *regardant la porte de l'escalier avec terreur.* Mon père !... Ah! taisez-vous!...

ANDRÉ. Il ne s'agit plus de moi ici... je ne compte pas... qu'est-ce qu'un mari amoureux de sa femme!... un mari jaloux?... un mari trompé?... mais votre père, madame, à qui vous devez la vie... à qui je dois moi, la vie et l'honneur !...

LOUISE. Oh! plus bas!

ANDRÉ. L'acte qui va s'accomplir ici, à l'instant... C'est la réparation due à soixante ans de vertu et de loyauté, c'est la branche gâtée que je vais séparer de l'arbre ; pour que l'arbre puisse vivre encore la tête haute... C'est vous, Louise Maurel, femme d'André Rubner, fille sans respect, épouse coupable, que je vais tuer. Pardieu!... pourquoi donc serais-je venu ?...

(*Il tire un pistolet.*)

LOUIS. Non!... pas avec cette arme... j'aime mieux le poison.

ANDRÉ. Quand il reviendra?... nous ne pourrons plus lui mentir comme par le passé, madame... Eh bien! faudra-t-il lui dire?...

LOUISE. Pitié !

ANDRÉ. Pour qu'il ignore tout... pour que Jacques Maurel croie sa fille encore pure, il faut qu'il la retrouve morte.

LOUISE. Oh! oui... oui !... ce poison!...

ANDRÉ. Morte, ou libre... Tenez! voulez vous que ce soit moi qui meure?

(*Il tourne le pistolet contre sa poitrine.*)

LOUISE, *s'élançant vers lui.* André!... moi... moi!... mais lui! grâce pour lui !...

ANDRÉ. Qui?... lui?... l'infâme?... à genoux, madame !

LOUISE. Arrêtez! puisque je vous dis qu'il est là, dans cette chambre...

ANDRÉ. Mais qui donc? lui?... votre amant, n'est-ce pas?... Eh bien, qu'il meure le premier !

(*Il s'élance vers l'escalier, Maurel paraît, André recule.*)

ANDRÉ. Lui !... Jacques Maurel?... Ah (1)!

MAUREL. André!... ma fille !... vous ici !... Comment se fait-il?

ANDRÉ, *égaré.* Mon Dieu !... morte ou libre... ce poison c'était pour moi !

(*Il avale le poison qui était dans le flacon.*)

LOUISE. André!... qu'avez-vous fait?

ANDRÉ. C'est moi qui devais mourir.

MAUREL. Qu'avez-vous donc, André?... Cette pâleur...

ANDRÉ. Rien, ce n'est rien... une douleur là. (*Il montre le cœur.*) Une douleur qui s'est renouvelée depuis votre départ... vous vous souvenez... je me plaignais souvent...

MAUREL. Mais il faut appeler...

LOUISE, *éperdue.* Oui, mon père... oui...

MAUREL, *va au fond pour appeler.* Quelqu'un!... quelqu'un!

ANDRÉ, *à Louise vivement.* Tais-toi, n'est-ce

(1) Maurel, Louise, André.

pas... Qu'est-ce que cela fait que je meure, pourvu qu'il ignore tout... comme je t'aime!

LOUISE. Personne ne viendra donc le sauver !...

MAUREL. Que faire?

ANDRÉ. Ce n'est sans doute qu'une crise, ne vous effrayez pas.

LOUISE. Ah !... je vais devenir folle!

MAUREL. Ma fille... mon enfant !...

LOUISE, *comme perdant la tête un instant.* Vous ne voyez pas qu'il va mourir... et lui !... il ne viendra donc pas... il ne reviendra plus peut-être... quand il pourrait lui rendre la vie !...

MAUREL. Qui, lui?...

ANDRÉ. Lui?... Mais c'est bien simple... lui... Maurice, le docteur... Maurice Landais... eh! vous ne savez pas, c'est vrai !... Je vais vous dire!... nous étions partis pour un court voyage, moi et Louise... le mal m'a pris en route, et j'ai écrit au docteur qui devait nous rejoindre ici.

(*Maurice paraît.*)

SCÈNE VII.

LES MÊMES, MAURICE (1).

MAUREL. Ah! c'est vous, monsieur, venez, venez... vous vous êtes bien fait attendre... voyez!...

(*Il montre André.*)

MAURICE, *stupéfait.* Mon Dieu!... mon Dieu !

ANDRÉ, *réprimant son émotion.* Vous voilà enfin... venez !...

MAURICE, *s'approchant de lui.* Ce visage... ces traits contractés... (*A mi-voix.*) monsieur... qu'avez-vous donc fait?...

ANDRÉ. Que vous importe!... pourvu que je meure et que ce vieillard ne sache rien !...

MAURICE. Mais... le poison...

LOUISE. Sauvez-le!... sauvez-le !...

(*Maurice ne répond pas.*)

ANDRÉ. Il n'est plus temps... je le sens...

LOUISE, *à Maurice.* Mais sauvez-le donc!

MAUREL. Mais vous nous répondez de sa vie.

MAURICE. Eh! monsieur... prenez la mienne, je n'ai plus qu'à mourir maintenant!

ANDRÉ, *avec grande douleur.* Ah !... Louise... venez... venez... plus près... monsieur Maurel... votre main... — Monsieur Maurel, je l'ai bien aimée, allez, n'est-ce pas, que j'ai le droit de vous serrer la main... que je suis digne de votre estime comme Louise a toujours été digne de votre amour?...

MAUREL, *se cachant la tête entre ses mains.* Mon fils !

ANDRÉ. Mon père !... ah !... que je souffre !... Voyons, est-ce possible?... est-ce qu'on peut mourir ainsi tout d'un coup?... Ah !!!

(*Louise est agenouillée et repentante.*)

ANDRÉ. Mon Dieu !... je lui devais tout à cet homme! Ai-je bien payé ma dette ?...

(*Maurel regarde André avec effroi. — Louise pousse un cri. — Maurice qui s'est éloigné dans l'attitude du repentir et du désespoir se trouve alors à la porte et près de sortir.*)

LE RIDEAU BAISSE.

(1) Maurel, Maurice, André, Louise.

FIN.

MAGASIN THÉATRAL ILLUSTRÉ.

Choix de pièces nouvelles des auteurs contemporains, jouées sur les théâtres de Paris. — Pour 20 centimes une pièce de théâtre complète, illustrée.

Mercadet, 3 actes	20	La Fille du feu, 3 actes	20
La Marquise de Senneterre, 3 actes	20	Le Paradis perdu, 5 actes	20
Jenny l'Ouvrière, 5 actes	20	Un Conte de fées, 2 actes	20
Le Verre d'Eau, 5 actes	20	Le vieux Bodin, 1 acte	20
Le Riche et le Pauvre, 5 actes	20	Les Amours maudits, 5 actes	20
Jean le Cocher, 4 actes	20	Une Partie de cache-cache, 2 actes	20
La Pensionnaire mariée. } Les Rubans d'Yvonne. }	20	L'Enfant de la Halle, 3 actes	20
La Faridondaine, 5 actes	20	La Bataille de l'Alma, 3 actes	20
Simple Histoire } Un Bal du grand monde. }	20	Grégoire, 1 acte	20
La Fille de madame Grégoire, un acte	20	Un vieux Loup de mer, 1 acte	20
La Chanoinesse, 2 actes	20	La Bourgeoisie ou les cinq Auberges, 5 act..	20
Masséna, 3 actes	20	Les Conquêtes d'Afrique, pièce milit., 5 act.	20
Le Diplomate, 1 acte	20	Voilà ce qui vient de paraître, 5 actes	20
Le Mari de la dame de chœurs, 2 actes	20	Mauprat, 5 actes	20
La Camaraderie, 5 actes	20	Le Cordonnier de Crécy, 5 actes	20
Frère Tranquille, 5 actes	20	André le Mineur, 5 actes	20
Les Pilules du Diable, 5 actes	20	Le Manoir de Montlouvier	20
Les Enfants de troupe, 2 actes	20	Le Monde Camelotte	20
La Dame aux Camélias, 5 actes	20	Le Vignerons d'Argenteuil	20
Le Château des Tilleuls, 5 actes	20	Les Carrières de Montmartre	20
Bertrand et Raton, 5 actes	20	Malvina	20
Richard III, 5 actes	20	La Duchesse de La Vaubalière	20
Une Nichée d'Arlequins, 1 acte	20	La Tour de Londres	20
Les Femmes du monde, 5 actes	20	Suzanne	20
Adrienne Lecouvreur, 5 actes	20	Françoise de Rimini	20
Le Bourreau des crânes, 3 actes	20	César Borgia	20
La Table tournante, 1 acte	20	Le Royaume du Calembour	20
Les Œuvres du Démon, 5 actes	20	Le Comte Hermann	20
Les deux Marguerite, 1 acte	20	La Servante	20
La Haine d'une femme, 1 acte	20	Flaminio	20
Elvire ou le Collier, 3 actes	20	Vous allez voir ce que vous allez voir	20
Les Diamants de Madame, 1 acte	20	La Vie en rose	20
Les deux Précepteurs, 1 acte	20	La Marchande du Temple	20
Le Consulat et l'Empire, 5 actes	20	Madame Lovelace	20
Maurice ou l'Amour à vingt ans, 5 actes	20	Les Frères de la Côte	20
La Corde Sensible, 1 acte	20	La Montre de Musette	20
Le vieux Garçon et la petite Fille, 1 acte	20	La Tour Saint-Jacques-la-Boucherie	20
L'Ouvrier, 5 actes	20	Atar-Gull	20
Diane de Chivry, 5 actes	20	Le Diable d'argent	20
Jacques le Corsaire, 5 actes	20	La Question d'économie	20
La Vénitienne, 5 actes	20	L'Enfant du tour de France	20
Les fils Gavet, 1 acte	20	Rose la Fruitière	20
Ali-Baba, 3 actes	20	Le Marquis d'Argentcourt	20
La Pêche aux corsets, 1 acte	20	La Tête et le Cœur	20
La Belle-Mère, 1 acte	20	Le Conscrit de Montrouge	40
Le Prince Eugène, 3 actes	20	Un Million dans le ventre	20
Le Mauvais Gas, 5 actes	20	Les Compagnons de Jehu	40
Lr Poudre de Perlinpinpin, 5 actes	20	L'Ile Saint-Louis	20
L'Ambassadeur, 5 actes	20	Charles XII	20
Le Mariage d'argent, 5 actes	20	La Légende de l'Homme sans tête	20
Le Bois de Boulogne, 2 actes	20	Le Proscrit	20
La Partie de piquet, 1 acte	20	Rose Bernard	20
Le Juif de Venise, 5 actes	20	En avant, marche!	20
Le Coiffeur et le Perruquier, 1 acte	20	Trois Nourrissons en carnaval	20
Le Bal du Sauvage, 3 actes	20	Jacot renchérit	20
Gusman ne connaît pas d'obstacles, 4 actes..	20	Le Contrat rompu	20
Paillasse, 5 actes	20	La Moresque	20
Avant, Pendant et Après, 3 actes	20	Le Pont-Rouge	20
La Quarantaine, 1 acte	20	La Berline de l'émigré	20
Une Indépendance en cœur, 1 acte	20	Les Canotiers de la Seine	20
D'Ondine, 1 acte	20	Les Chiens du Mont Saint-Bernard	20
Les Noces de Merluchet, 3 actes	20	Vingt Ans de la vie d'un séducteur	20
Une Idée de jeune fille, 1 acte	20	La Jeunesse du jour	20
Un Moyen dangereux, 2 actes	20	Tout Paris y passera	20
L'Héritière 1 acte	20	La Noce de Trouquette	20
Les Rues de Paris, 5 actes	20	Micaël l'Esclave	40
		La Jarretière rouge	20
		L'on n'est jamais trahi que par les siens	20

Paris. — Imprimerie Walder, rue Bonaparte, 44.